Finanças corporativas

ECONOMIA E FINANÇAS

Finanças corporativas

Marcus Vinicius Quintella Cury
Cristóvão Pereira de Souza
Danilo Amerio Gonçalves
José Carlos Franco de Abreu Filho

12ª EDIÇÃO

Copyright © 2018 Marcus Vinicius Quintella Cury, Cristóvão Pereira de Souza, Danilo Amerio Goncalves, José Carlos Franco de Abreu Filho

Direitos desta edição reservados à
EDITORA FGV
Rua Jornalista Orlando Dantas, 37
22231-010 – Rio de Janeiro, RJ – Brasil
Tels.: 0800-021-7777 – 21-3799-4427
Fax: 21-3799-4430
editora@fgv.br – pedidoseditora@fgv.br
www.fgv.br/editora

Impresso no Brasil / *Printed in Brazil*

Todos os direitos reservados. A reprodução não autorizada desta publicação, no todo ou em parte, constitui violação do copyright (Lei nº 9.610/98).

Os conceitos emitidos neste livro são de inteira responsabilidade dos autores.

12ª edição – 2018; 1ª reimpressão – 2018; 2ª reimpressão – 2019; 3ª reimpressão – 2021.

PREPARAÇÃO DE ORIGINAIS: Sandra Frank
REVISÃO: Aleidis de Beltran
CAPA: aspecto:design
PROJETO GRÁFICO DE MIOLO: Ilustrarte
EDITORAÇÃO: Abreu's System

Ficha catalográfica elaborada pela Biblioteca Mario Henrique Simonsen/FGV

Cury, Marcus Vinicius Quintella
    Finanças corporativas / Marcus Vinicius Quintella Cury... [et al.]. – 12.ed. – Rio de Janeiro: FGV Editora, 2018.
    220 p.

    Em colaboração com: Cristovão Pereira de Souza, Danilo Amerio Gonçalves, José Carlos Franco de Abreu Filho.
    Publicações FGV Management.
    Área: Economia e finanças.
    Inclui bibliografia.
    ISBN: 978-85-225-2016-9

    1. Empresas - Finanças. I. Souza, Cristóvão Pereira de. II. Gonçalves, Danilo Amerio. III. Abreu Filho, José Carlos Franco de. IV. FGV Management. V. Fundação Getulio Vargas. VI. Título.

                                                    CDD – 658.15

*Aos nossos alunos e aos nossos colegas docentes,
que nos levam a pensar e repensar nossas práticas.*

Sumário

Apresentação	11
Introdução	15
1 | Visão geral das finanças	17
Definições de finanças por alguns autores	17
Conceituação de finanças	19
Identificação e representação de um ativo	20
Identificação do ambiente	22
Identificação do investidor	23
Funções do gestor financeiro	24
Risco e retorno esperados	25
Geração de valor em finanças	27
Métodos para análise de investimentos	30
Resumo do capítulo	31
2 | Relação risco *versus* retorno	33
Princípios básicos	33
Risco	38
Preço	39
Retorno	40
A dinâmica do mercado	41
Risco *versus* retorno	42

A taxa mínima de atratividade	43
Custo do capital	46
As proposições de Modigliani e Miller	65
Resumo do capítulo	69
**3	Estimativa dos fluxos de caixa**	71
Orçamento de capital	71
Fluxos de caixa	72
Tipos de moeda do fluxo de caixa	75
Fluxo de caixa real e nominal	78
Lucro real e lucro presumido	82
Fluxo de caixa livre do acionista	84
Fluxo de caixa livre da empresa	89
Previsão dos resultados dos fluxos de caixa	93
Fluxo de caixa incremental	99
Fluxo de caixa do projeto *versus* lucro contábil	103
A importância do capital de giro para a empresa	104
Cálculo da necessidade de capital de giro	109
Variação do capital de giro no fluxo de caixa de projetos	112
Resumo do capítulo	115
**4	Métodos quantitativos para análise de projetos**	117
Análise de projetos de investimentos	117
Os métodos quantitativos mais utilizados no mercado	118
Resumo do capítulo	140
**5	Fundamentos de avaliação de empresas**	141
Conceitos fundamentais: valor e cotação	141
A importância da avaliação para a tomada de decisão	145
Avaliação de ativos baseada em valores contábeis	146
As abordagens de avaliação mais utilizadas	149
Avaliação de projetos de investimentos	171
Resumo do capítulo	172

Conclusão	173
Apêndice A | Fundamentos básicos de matemática financeira	175
Definição de taxa de juros	175
O valor do dinheiro no tempo	176
Diagrama dos fluxos de caixa	178
Tipos de formação de juros	181
Juros simples *versus* juros compostos	184
Relações de equivalência de capitais	185
Apêndice B | Noções gerais de contabilidade	195
Regimes de competência e de caixa	195
Demonstrativos contábeis básicos	197
Indicadores de gestão financeira	204
Referências	213
Autores	215

Apresentação

Este livro compõe as Publicações FGV Management, programa de educação continuada da Fundação Getulio Vargas (FGV).

A FGV é uma instituição de direito privado, com mais de meio século de existência, gerando conhecimento por meio da pesquisa, transmitindo informações e formando habilidades por meio da educação, prestando assistência técnica às organizações e contribuindo para um Brasil sustentável e competitivo no cenário internacional.

A estrutura acadêmica da FGV é composta por nove escolas e institutos, a saber: Escola Brasileira de Administração Pública e de Empresas (Ebape), dirigida pelo professor Flavio Carvalho de Vasconcelos; Escola de Administração de Empresas de São Paulo (Eaesp), dirigida pelo professor Luiz Artur Ledur Brito; Escola de Pós-Graduação em Economia (EPGE), dirigida pelo professor Rubens Penha Cysne; Centro de Pesquisa e Documentação de História Contemporânea do Brasil (Cpdoc), dirigido pelo professor Celso Castro; Escola de Direito de São Paulo (Direito GV), dirigida pelo professor Oscar Vilhena Vieira; Escola de Direito do Rio de Janeiro (Direito Rio), dirigida pelo professor Sérgio Guerra; Escola de Economia de São Paulo (Eesp), dirigida pelo professor Yoshiaki Nakano; Instituto Brasileiro de Economia (Ibre), dirigido pelo professor Luiz Guilherme Schymura de Oliveira; e Escola de Matemática Aplicada (Emap), dirigida pela professora Maria Izabel Tavares Gramacho. São diversas unidades com a marca FGV, trabalhando com a mesma filosofia: gerar e disseminar o conhecimento pelo país.

Dentro de suas áreas específicas de conhecimento, cada escola é responsável pela criação e elaboração dos cursos oferecidos pelo Instituto de Desenvolvimento Educacional (IDE), criado em 2003, com o objetivo de coordenar e gerenciar uma rede de distribuição única para os produtos e serviços educacionais produzidos pela FGV, por meio de suas escolas. Dirigido pelo professor Rubens Mario Alberto Wachholz, o IDE conta com a Direção de Gestão Acadêmica (DGA), pelo professor Gerson Lachtermacher, com a Direção da Rede Management pelo professor Silvio Roberto Badenes de Gouvea, com a Direção dos Cursos Corporativos pelo professor Luiz Ernesto Migliora, com a Direção dos Núcleos MGM Brasília, Rio de Janeiro e São Paulo pelo professor Paulo Mattos de Lemos, com a Direção das Soluções Educacionais pela professora Mary Kimiko Magalhães Guimarães Murashima. O IDE engloba o programa FGV Management e sua rede conveniada, distribuída em todo o país e, por meio de seus programas, desenvolve soluções em educação presencial e a distância e em treinamento corporativo customizado, prestando apoio efetivo à rede FGV, de acordo com os padrões de excelência da instituição.

Este livro representa mais um esforço da FGV em socializar seu aprendizado e suas conquistas. Ele é escrito por professores do FGV Management, profissionais de reconhecida competência acadêmica e prática, o que torna possível atender às demandas do mercado, tendo como suporte sólida fundamentação teórica.

A FGV espera, com mais essa iniciativa, oferecer a estudantes, gestores, técnicos e a todos aqueles que têm internalizado o conceito de educação continuada, tão relevante na era do conhecimento na qual se vive, insumos que, agregados às suas práticas, possam contribuir para sua especialização, atualização e aperfeiçoamento.

Rubens Mario Alberto Wachholz
Diretor do Instituto de Desenvolvimento Educacional

Sylvia Constant Vergara
Coordenadora das Publicações FGV Management

Introdução

Este livro é destinado àqueles que estão iniciando os estudos em finanças e tem o intuito de oferecer uma introdução a esse fascinante tema, tão importante na vida das empresas públicas e privadas. Cabe ressaltar que não pretendemos esgotar esse amplo tema, mas temos o objetivo de apresentar aos gestores empresariais, especialistas em finanças e profissionais não financeiros uma visão geral dos principais conceitos, critérios e métodos utilizados no mundo corporativo. Para isso, estruturamos o livro em cinco capítulos.

O primeiro capítulo oferece uma visão genérica e abrangente das finanças, a fim de situar o leitor no assunto. Esse capítulo introduz o conceito de valor de ativos e apresenta as finanças como uma ciência não exata, que lida com uma variável sobre a qual não temos controle – o futuro – para fins de tomadas de decisões.

No segundo capítulo, abordamos a relação risco *versus* retorno, que rege os investimentos, financiamentos e todas as operações do mercado, com especial destaque para os custos do capital. Os investidores aplicam capital para financiar projetos e precisam definir as taxas de risco e de retorno atraentes e compatíveis com suas possibilidades. Dessa forma, veremos como podemos determinar as taxas de retorno adequadas aos riscos dos investimentos.

O terceiro capítulo versa sobre os fluxos de caixa dos investimentos, apresentando os pontos de vista de elaboração desses fluxos, pelas óticas dos acionistas e da empresa, o que serve para as análises de projetos de investimentos e avaliações de empresas. Mostramos também que esses fluxos de caixa são necessariamente incrementais e podem ser elaborados em moedas constante e nominal. O capítulo ressalta a relevância do capital de giro na estrutura dos fluxos de caixa.

O quarto capítulo apresenta os principais métodos quantitativos para a análise dos projetos de investimentos, suas vantagens, desvantagens e formas de utilização. Veremos como esses métodos são importantes para subsidiar as tomadas de decisão e como são úteis para indicar a potencialidade de viabilidade financeira dos projetos de investimento.

O quinto e último capítulo trata dos fundamentos da avaliação de empresas, e nele apresentamos os princípios fundamentais dos métodos de valores contábeis, avaliação relativa e de fluxos de caixa descontados.

A conclusão ajuda o leitor a refletir sobre a importância das finanças e das análises financeiras para a gestão empresarial em geral e, principalmente, para as tomadas de decisões corporativas.

Finalmente, são apresentados os apêndices A e B, respectivamente, sobre os fundamentos básicos da matemática financeira e noções de contabilidade, com o objetivo de suportar conceitualmente os cinco capítulos desta obra.

1
Visão geral das finanças

Este capítulo apresenta uma abordagem geral do estudo das finanças corporativas, cujo objetivo principal é permitir ao administrador financeiro tomar a decisão ótima. A decisão ótima é aquela que visa maximizar a riqueza do investidor, considerando todos os aspectos conhecidos do projeto e os riscos envolvidos durante sua vida útil. Não é a maximização do lucro de um ou outro período em particular. Estamos tratando da maximização dos resultados globais dos investimentos. Para tomar a decisão ótima, o administrador deve ser capaz de responder a algumas perguntas fundamentais: onde investir? Quanto investir? Como financiar o investimento? Como distribuir os resultados?

Para responder a essas perguntas, precisamos identificar o ativo, o ambiente e o comportamento do investidor.

Definições de finanças por alguns autores

Para que tenhamos uma ideia mais clara do que significa o estudo de finanças, é interessante conhecer algumas definições clássicas:

> O gestor financeiro enfrenta dois problemas básicos. Primeiro: quanto deve a empresa investir e em quais ativos específicos deve

investir? Segundo: como devem ser levantados os recursos financeiros necessários para o investimento? A resposta ao primeiro problema é a decisão de investimento da firma. A resposta ao segundo problema é a sua decisão de financiamento. O gestor financeiro deve encontrar as respostas específicas que coloquem os acionistas e investidores na melhor situação possível. O sucesso é geralmente julgado pelo valor criado. Os acionistas ganham com qualquer decisão que aumente o valor de sua participação na empresa. Então, alguém poderia dizer que uma boa decisão de investimento é aquela que resulta na compra de um ativo que vale mais do que custa, ou seja, um ativo que traga uma contribuição líquida positiva para o valor. O segredo do sucesso da gestão financeira é o de aumentar o valor da empresa, ou seja, criar riqueza. É uma afirmação simples, mas não muito útil. É como aconselhar um investidor no mercado acionário a comprar na baixa e vender na alta. O problema reside em como fazê-lo [Brealey e Myers, 2013:3].

Que são finanças corporativas? Suponhamos que se decida abrir uma empresa para fabricar bolas de tênis. Para esse fim, a empresa contrata administradores para comprar matéria-prima e monta uma equipe de trabalhadores e funcionários para fabricar e vender as bolas de tênis produzidas. No linguajar financeiro, seria feito um investimento em ativos, tais como estoques, máquinas, terrenos e mão de obra. O dinheiro aplicado em ativos deve ser contrabalançado por uma quantia idêntica de dinheiro gerado por algum financiamento. Quando começar a vender bolas de tênis, sua empresa irá gerar dinheiro. Essa é a base da criação de valor. A finalidade da empresa é criar valor para seu proprietário [Ross, Westerfield e Jaffe, 2009:23-24].

Que são finanças? Podemos definir finanças como a arte e a ciência de administrar fundos. Praticamente todos os indivíduos e organizações obtêm receitas ou levantam fundos, gastam ou investem. As finanças ocupam-se do processo, instituições, mercados e instrumentos envolvidos na transferência de fundos entre pessoas, empresas e governos. A administração financeira diz respeito às responsabilidades do administrador financeiro numa empresa. Os administradores financeiros administram ativamente as finanças de todos os tipos de empresas, financeiras ou não financeiras, privadas ou públicas, grandes ou pequenas, com ou sem fins lucrativos. Eles desempenham uma variedade de tarefas, tais como: orçamento, previsões financeiras, administração do caixa, administração do crédito, análise de investimentos e captação de fundos [Gitman, 2010:4].

Conceituação de finanças

Kato (2012) afirma que os estudos e pesquisas em finanças são amplos e dinâmicos, e afetam diretamente todos aqueles que geram receitas, levantam fundos, adquirem bens, gastam recursos ou investem capital. Dessa forma, o estudo das finanças proporciona a busca pelas tomadas de decisões ótimas, envolvidas nas transferências de recursos financeiros entre pessoas, organizações e governos.

Para poder tomar decisões financeiras ótimas, devemos começar por identificar os aspectos relevantes, as relações risco *versus* retorno envolvidas e os fluxos de caixa dos ativos. Isso permitirá que avaliemos e analisemos os ativos, para, finalmente, tomarmos as decisões de investimento.

Ainda segundo Kato (2012), o estudo das finanças permite o entendimento da complexa estrutura da administração empresarial, cujo principal objetivo é a viabilização de negócios com adequado retorno aos acionistas, num cenário de menor risco possível.

Identificação e representação de um ativo

Sempre existe um ativo envolvido em uma decisão financeira, apesar de, às vezes, esse ativo não ser facilmente identificado. A dificuldade pode estar no fato de que os ativos podem ser tangíveis, intangíveis, de base ou derivativos. Os ativos tangíveis são mais fáceis de identificar porque são aqueles que podemos ver, tocar, medir, pesar. É, por exemplo, o caso de um prédio, uma máquina ou uma fábrica.

Os ativos intangíveis são aqueles que não existem fisicamente e, portanto, não podem ser tocados. São eles: as patentes, fundo de comércio, nome ou marca, percepção de qualidade e outros que possuem valor de mercado, podem ser comercializados, mas não fazem parte do estoque nem do imobilizado físico da empresa em análise.

Ativo-base é aquele que tem valor por si próprio, por exemplo, uma mercadoria, como grãos de café ou de soja, ou ainda títulos financeiros, como ações ou debêntures. Os ativos derivativos são aqueles cujo valor depende do valor de outro ativo-base. Por exemplo, um contrato futuro para compra de café. Nesse caso, a existência, e, portanto, o valor desse ativo (contrato futuro), só faz sentido se existir o produto base: o café.

No mundo corporativo, fábricas, usinas, empresas de um modo geral, sociedades de propósitos específicos, como rodovias, aeroportos, ferrovias, portos, entre outros tipos de negócios, também são chamados de ativos, visto que têm potencialidade de valor de mercado, podem gerar resultados financeiros periódicos e são representados por fluxos de caixa.

A identificação de um ativo qualquer, em análise financeira, implica a determinação dos fluxos de caixa que esse ativo pode gerar para seus investidores, ou seja, qual o retorno que será obtido no caso de aquisição desse ativo em particular. O fluxo de caixa que interessa para a tomada de decisão é o fluxo de caixa operacional, incremental, livre após o pagamento de taxas e impostos. Ativos são representados por seus fluxos de caixa futuros esperados.

O diagrama da figura 1 mostra uma representação gráfica de um fluxo de caixa. Nele, poderemos visualizar um investimento inicial FC_0 para adquirir o ativo (fluxo de caixa inicial ocorrido no momento "0"). Como se trata de uma saída de caixa, está representado por uma seta para baixo. A partir desse ponto, o fluxo apresenta n períodos à frente (futuro), mostrando fluxos previstos em cada período t. Esses períodos podem representar meses, anos, trimestres ou qualquer outra periodicidade de interesse. FC_t representa o fluxo de caixa, livre do acionista, ou do projeto, após taxas, juros e impostos, previsto para cada período. Os fluxos de caixa do acionista e do projeto serão apresentados no capítulo 3.

Figura 1
Representação gráfica do fluxo de caixa

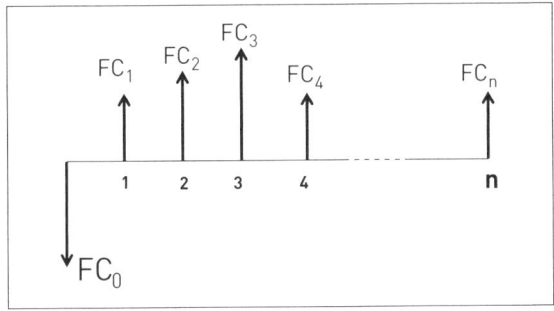

Os fluxos de caixa futuros esperados provenientes de diferentes ativos levam diferentes nomes. Os fluxos de caixa das ações de uma empresa são chamados de fluxos de dividendos, por exemplo. Os fluxos de caixa provenientes dos imóveis são chamados aluguéis. No caso de debêntures, são os juros, e das patentes, os *royalties*. Ouro e outros metais não pagam dividendos, porém fornecem como retorno seu valor de venda.

As características dos fluxos de caixa futuros relevantes para a análise são: valor (tamanho ou volume) do investimento e dos fluxos de caixa, em R$; *timing* (datas) dos pagamentos ou recebimentos; risco e incerteza do fluxo de pagamentos; sinais dos fluxos de caixa (entrada ou saída de caixa). No capítulo 3, abordaremos, de forma geral, os fluxos de caixa de ativos – elaboração e suas características. O apêndice A mostra que as convenções aqui utilizadas para os diagramas dos fluxos de caixa são as mesmas da matemática financeira. O exemplo 1 mostra a representação gráfica do fluxo de caixa da aquisição de um ativo para fins de investimento, aqui identificado como um imóvel comercial localizado na Zona Sul do Rio de Janeiro.

Exemplo 1

Considere a aquisição de um imóvel comercial para fins de investimento, na Zona Sul do Rio de Janeiro, em março de 2016, por R$ 1.000.000,00. A estimativa de aluguel mensal é de R$ 5.000,00, já considerado o IR. As taxas condominiais e o IPTU serão pagos pelo inquilino. A intenção do investidor é permanecer com esse imóvel durante cinco anos e vendê-lo, ao final desse período, por R$ 1.500.000,00, que é a expectativa de valorização sinalizada atualmente pelo mercado imobiliário. Faça a representação do fluxo de caixa livre desse projeto de investimento, na forma de planilha financeira e diagrama dos fluxos de caixa.

Moeda: R$ (setembro/2016)

Mês	Investimento e valor de revenda	Aluguel anual líquido	Fluxo de caixa
0	-1.000.000,00		-1.000.000,00
1		60.000,00	60.000,00
2		60.000,00	60.000,00
3		60.000,00	60.000,00
4		60.000,00	60.000,00
5	1.500.000,00	60.000,00	1.560.000,00

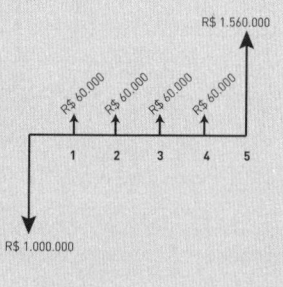

Identificação do ambiente

Conhecer o ambiente onde está o ativo objeto da análise é extremamente importante. Para efeitos de estudo e métodos de análise, considerações devem ser realizadas sobre hipóteses que criem ou repliquem o ambiente real, para que possamos estudar os assuntos referentes à determinação do valor dos ativos (avaliação).

Exemplos de aspectos que devem ser considerados são: o local onde será implantado o projeto tem livre competição? Todos os participantes desse mercado podem procurar o melhor preço? Existe ou não monopólio ou reserva de mercado? Quais são os custos (diretos e indiretos) de transação e comissões? Quais são os tributos envolvidos? Quais os cenários macro e microeconômicos? Qual é a taxa de juros básica da economia local e a taxa para aplicações em renda fixa? Qual é a cultura local?

A análise da cultura local é muito relevante e pode ser vital. Imaginemos como seria a abertura de uma filial de uma rede de churrascarias na cidade de Calcutá, na Índia!

Identificação do investidor

Para adquirir um ativo, alguém terá de financiar o investimento nesse ativo. Esse "alguém" é chamado de investidor.

De um modo geral, quem são os investidores citados no mundo das finanças? No caso das empresas públicas, os investidores são os cidadãos, a população que paga impostos diretos e indiretos, ou seja, os contribuintes. No caso das empresas privadas de sociedades anônimas, de capital fechado ou aberto, operando em bolsa ou não, os investidores são os acionistas e, no caso das empresas privadas limitadas, são os sócios cotistas.

Os investidores são aqueles que vinculam suas decisões aos riscos e retornos oferecidos pelos ativos. Os investidores possuem um comportamento típico de aversão ao risco. Isso significa que os investidores cobram retornos adicionais para assumirem riscos adicionais, isto é, esperam maior retorno por assumirem maiores riscos. Investidores são insaciáveis em relação aos retornos. Para um mesmo nível de risco, um investidor optará pelo ativo de maior retorno.

Em tempo: doravante adotaremos o termo genérico "investidor" quando nos referirmos aos investidores propriamente ditos de negócios empresariais e empreendedores, ou seja, aqueles que investem recursos financeiros em ativos com a expectativa de conseguir retornos e valorização dos ativos, assumindo os riscos inerentes aos respectivos ativos e à conjuntura econômica do país. Em outras situações, adotaremos o termo genérico "acionista" quando nos referirmos aos sócios cotistas de empresas limitadas e aos próprios acionistas de empresas de sociedades anônimas.

Funções do gestor financeiro

Segundo Brealey e Myers (2013), o gestor financeiro trabalha o tempo todo com dois problemas básicos: o primeiro é decidir quanto e em quais ativos e projetos a firma deve investir, isto é, decisão de investimento, e o segundo é escolher a forma como deve ser levantado o capital necessário para investir, isto é, decisão de financiamento.

As decisões do gestor financeiro devem sempre colocar os acionistas da firma na melhor situação possível, e seu sucesso será medido pela geração de valor conseguida e consequente criação de riqueza, ou seja, o resultado do investimento em um projeto que vale mais do que custa.

Gitman (2010) diz que os gestores financeiros administram as finanças de todos os tipos de empresas, privadas ou públicas, grandes ou pequenas, com ou sem fins lucrativos, e suas principais tarefas incluem a elaboração de orçamentos, realização de previsões financeiras, administração do caixa e do crédito, análise de projetos de investimento e captação de recursos, próprios e de terceiros.

Risco e retorno esperados

Risco, na linguagem dos gestores e analistas financeiros, não significa apenas dar certo ou dar errado, como ter lucro ou prejuízo. Risco está ligado à probabilidade de o resultado real ser diferente do que foi projetado. Sejam q e (1 − q) as probabilidades de movimentação dos valores. Se q for igual a 60%, (1 − q) corresponderá a 40%.

No exemplo 2, a seguir, q é a probabilidade de o valor de um ativo sair de R$ 1.000 em t = 0 para R$ 1.200 em t = 1, e (1 − q) a probabilidade de o valor desse ativo sair de R$ 1.000 em t = 0 e atingir R$ 1.100 em t = 1. Note que as duas opções são plenamente possíveis, pois possuem apenas probabilidades diferentes de ocorrerem. Ainda no mesmo exemplo, são apresentados dois casos de ativos sem risco. Nesse caso, não importam as probabilidades q e (1 − q), o resultado será sempre o mesmo, pois o valor final é o mesmo em ambas as situações. Este ativo é dito "sem risco", mesmo se o valor final for inferior ao investimento inicial, pois não há dúvidas ou incertezas quanto ao seu resultado.

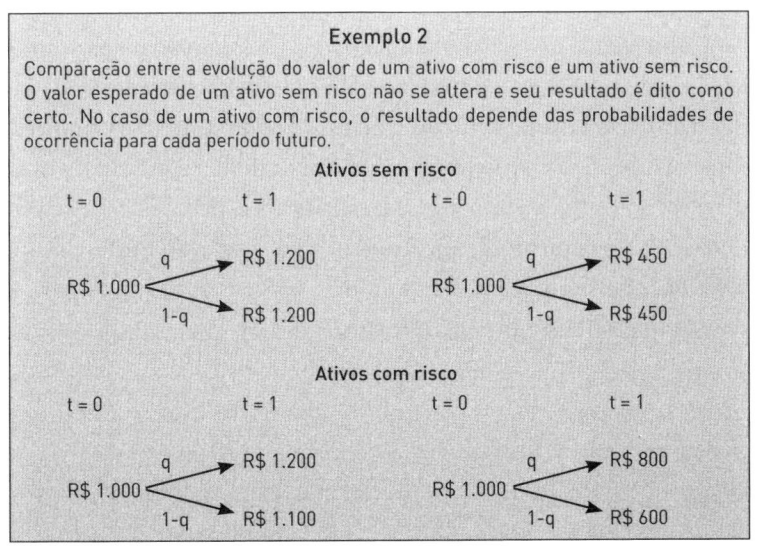

Exemplo 2
Comparação entre a evolução do valor de um ativo com risco e um ativo sem risco. O valor esperado de um ativo sem risco não se altera e seu resultado é dito como certo. No caso de um ativo com risco, o resultado depende das probabilidades de ocorrência para cada período futuro.

No exemplo 3, para receber o mesmo resultado esperado, R$ 1.200,00, em qualquer dos investimentos disponíveis, o investidor avesso ao risco prefere o ativo B, que garante o resultado. O investidor propenso ao risco prefere o ativo A, que poderá proporcionar um retorno superior (no caso, R$ 1.600,00) e, para isso, ele aceita "correr o risco" de receber apenas R$ 800,00. Finalmente, um investidor neutro ao risco é indiferente entre os ativos A e B.

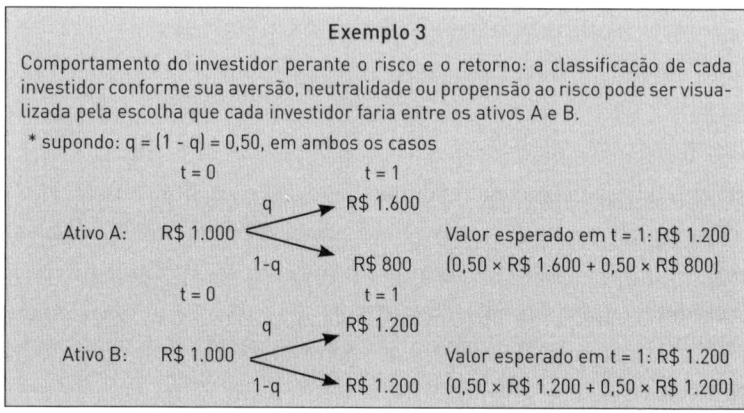

Conhecendo-se o risco de um ativo, a taxa de retorno para aplicações em renda fixa e o retorno oferecido pelo mercado, pode-se determinar a taxa de retorno k adequada a esse ativo. A figura 2 mostra a representação dessa situação, onde k_f representa a taxa de retorno livre de risco e k_a e k_b são taxas esperadas para ativos de risco. No capítulo 2, aprofundaremos a relação entre risco e retorno e apresentaremos um modelo teórico apropriado para a determinação dessa taxa de retorno.

Figura 2
Risco e retorno

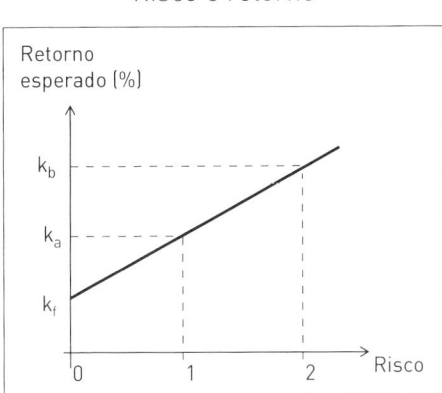

Geração de valor em finanças

Para tomar a decisão ótima de investir ou não investir, é necessário saber quanto vale o ativo que está sendo considerado. O valor de um ativo pode ser definido como sendo o valor presente do direito a um (possivelmente incerto) fluxo futuro de caixa (pagamentos e recebimentos). Tanto os ativos financeiros quanto os ativos físicos devem valer o valor presente (VP) de seus fluxos de caixa esperados. Não devemos fazer confusão com o valor do patrimônio físico dos ativos da empresa, pois uma empresa deve valer mais do que a simples soma aritmética dos valores de suas mesas, cadeiras, máquinas e equipamentos. Antes de prosseguirmos, sugerimos uma visita ao apêndice A para o entendimento do importante conceito de valor presente a juros compostos, um dos fundamentos básicos da matemática financeira.

A maneira de calcular esse valor presente está apresentada na fórmula a seguir, onde FC_t representa o conjunto de fluxos de caixa t (a letra t representa cada período, 1, 2, ... até o último, n); e k é a taxa de juros, também denominada taxa de desconto do fluxo, que descontará cada FC_t da data futura ao presente. Esse método de análise é conhecido como fluxo de caixa descontado (FCD), ou, em inglês, *discounted cash flow* (DCF).

Assim, cada fluxo de caixa FC_t futuro será influenciado pela taxa de juros do período para que seja trazido a seu valor presente (VP_t). Obviamente que em condições de taxas de juros positivas, $VP_t < FC_t$, porque FC_t é dividido pelo fator de taxa de juros $(1 + k)^t$. Como queremos calcular o VP de todo o fluxo de caixa que representa o ativo, utilizamos a seguinte expressão:

$$VP_{do\ ativo} = \sum_{t=0}^{n} \frac{FC_t}{(1+k)^t} \qquad (1)$$

onde:
- FC_t é o fluxo de caixa resultante líquido do período t;
- k é a taxa de desconto apropriada ao risco do fluxo de caixa;
- n é o horizonte de estudo definido para a análise do projeto.

Eventualmente, precisamos calcular o valor presente de um fluxo sem data final, ou seja, com valor de n tão longo que podemos considerar o fluxo como infinito. No caso particular em que os FC_t atendam aos requisitos de perpetuidade, podemos usar a fórmula que representa o limite para o qual converge a série uniforme:

$$VP_{do\ ativo} = \frac{FC_1}{(k-g)} \qquad (2)$$

onde:
- FC_1 é o primeiro valor esperado do fluxo de caixa perpétuo estimado para o ativo;
- k é a taxa de desconto apropriada ao risco do fluxo de caixa perpétuo, utilizada para descontar até o valor presente (VP);

- g é a taxa de crescimento (do inglês, *growth*) esperada do fluxo de caixa em perpetuidade.

Ressaltamos que, no caso particular de uma perpetuidade iniciada após t = 1, em um tempo t qualquer, essa perpetuidade deverá ser descontada para a data t – 1, pela expressão 2, em que encontraremos um valor presente nessa data t – 1. Em seguida, descontamos esse valor encontrado para t = 0 pela divisão por $(1 + k)^{t-1}$, fator encontrado na expressão A5, do conceito de valor presente, apresentado no apêndice A.

A taxa de desconto apropriada ao risco do fluxo de caixa, representada pela letra k, que aparece nas expressões 1 e 2, tem importância fundamental na análise de viabilidade de projetos e negócios e na avaliação de empresas, porque representa o mínimo que os investidores e acionistas pretendem ou exigem receber como retorno de seus aportes de recursos financeiros. Essa taxa de desconto, doravante denominada taxa mínima de atratividade (TMA), não possui uma fórmula matemática definitiva para seu cálculo, mas sua composição deve levar em consideração três componentes básicos, a saber: (a) o custo de oportunidade do capital a ser investido, ou seja, as remunerações alternativas desse capital que serão abandonadas para a realização do investimento em análise; (b) os riscos envolvidos no projeto em estudo, considerando a compensação financeira esperada para o tamanho desses riscos; e (c) a liquidez potencial do investimento, ou seja, a avaliação do tempo de reversão do investimento em caixa.

Na prática do mercado, a determinação da TMA "ideal" gera controvérsias e dúvidas, e muitas vezes são utilizadas taxas de desconto arbitradas ou consensuais, além da subjetividade presente em sua composição. O capítulo 2 apresentará a TMA com mais profundidade e mostrará um modelo teórico para sua definição.

Métodos para análise de investimentos

Antes de investir, precisamos saber se o desempenho dos ativos poderá atender aos objetivos desejados. Por exemplo, se quisermos saber se um investimento terá chance de ser viável ou não, devemos estudar os diversos métodos que estão apresentados no capítulo 4 deste livro.

O método mais utilizado pelos analistas de projetos de investimento é o valor presente líquido (VPL), que permite ver, no tempo zero, se o ativo poderá valer mais ou menos do que o valor do investimento necessário para adquiri-lo. O VPL de um ativo é a simples diferença entre o valor presente de seus fluxos de caixa futuros previstos (VP) e o investimento inicial a ser realizado I_0 (dispêndio corrente de caixa): VPL = $VP_{do\ ativo} - I_0$. Essa expressão é idêntica àquela utilizada para o cálculo do $VP_{do\ ativo}$, dada pela expressão 1, sendo o I_0 correspondente ao FC_0.

O exemplo 4 mostra a ideia do conceito do VPL e o exemplo 5 apresenta outra forma de cálculo do VPL, com utilização da expressão 1, para um projeto com o horizonte de tempo de cinco anos e com as estimativas dos resultados líquidos anuais. O indicador do VPL será apresentado de forma mais aprofundada no capítulo 4.

Exemplo 4

O projeto Xingu, para ser implementado hoje, exige um investimento inicial de R$ 2.000.000,00. O valor presente do projeto Xingu é de R$ 2.800.000,00 (que representa o VP de todos os fluxos de caixa esperados para "n" futuros anos). Qual é o VPL do projeto Xingu? A partir desse resultado, qual seria sua decisão? Você investiria no projeto Xingu? (data-base: setembro/2016)

VPL = $VP_{do\ ativo} - I_0$ = R$ 2.800.000,00 – R$ 2.000.000,00 = R$ 800.000,00

VPL = R$ 800.000,00

Decisão: Sim, a princípio, investiria, pois o VPL é positivo. ◀

VISÃO GERAL DAS FINANÇAS

> **Exemplo 5**
> Determine o VPL do fluxo de caixa do projeto Santiago, considerando uma TMA de 8% a.a.
>
> Moeda: R$ (setembro/2016)
>
> | Ano | Fluxo de caixa |
> |-----|----------------|
> | 0 | -1.000.000,00 |
> | 1 | 200.000,00 |
> | 2 | 200.000,00 |
> | 3 | 200.000,00 |
> | 4 | 400.000,00 |
> | 5 | 500.000,00 |
>
> Com utilização da expressão 1, com k = 8% a.a. (TMA), temos:
> VPL = $VP_{do\ ativo}$ = $\Sigma\ FC_t / (1+k)^t$
> VPL = $-1.000.000,00 + 200.000,00 / (1,08)^1 + 200.000,00 / (1,08)^2 + 200.000,00 / (1,08)^3 + 400.000,00 / (1,08)^4 + 500.000,00 / (1,08)^5 = 149.722,94$
> VPL = R$ 149.722,94 ◀. Aceitar o projeto Santiago, pois o VPL é positivo.

Resumo do capítulo

O foco deste capítulo foi fornecer uma visão geral de finanças, seus fundamentos e principais instrumentos de apoio a um analista em sua atividade de avaliação de ativos. Foram destacados os fatores relevantes na identificação do ambiente a que o ativo pertence, particularidades dos investidores em relação ao binômio risco *versus* retorno e métodos de análise de ativos, apresentando uma introdução sobre fluxo de caixa da empresa e o cálculo de VPL. Esses assuntos serão novamente abordados nos próximos capítulos, de forma mais aprofundada.

Os temas apresentados neste capítulo formam uma boa introdução para a compreensão dos demais capítulos, sendo que o próximo tratará do binômio risco *versus* retorno.

2
Relação risco *versus* retorno

Este capítulo trata de dois importantes temas das finanças corporativas: o binômio risco *versus* retorno e o custo do capital. A relação risco *versus* retorno pode ser considerada um fundamento básico para qualquer investidor, seja pessoa física ou mesmo uma grande corporação, pois parte do princípio de que não é possível esperar grandes retornos sem entrar num ambiente de risco. O tema do custo de capital aborda a famosa teoria de precificação de ativos financeiros, conhecida pela sigla em inglês CAPM (*capital asset pricing model*), e o custo médio ponderado do capital (*weighted average cost of capital* – WACC), quando a estrutura de capital da empresa possui capital de terceiros. Veremos ainda, neste capítulo, a teoria de Modigliani e Miller (MM), que analisa a rentabilidade obtida pelo acionista em função do retorno do ativo e os juros pagos pelo capital de terceiros.

Princípios básicos

Diariamente, diretores, gerentes, gestores e *controllers* têm de tomar decisões a respeito de aspectos relacionados às empresas em que trabalham, e muitas dessas decisões visam solucionar problemas financeiros de curtíssimo prazo ou de médio prazo. Outras decisões são relativas a investimentos de longo prazo, ou seja, aquelas cujo dinheiro deve ser aplicado hoje na expectativa de gerar riqueza para a empresa no futuro.

Essas decisões sobre investimentos podem ser consideradas decisões estratégicas, pois a lógica que as sustenta é de longo prazo, com o objetivo de tornar a empresa sempre melhor, para garantir a geração permanente de riqueza e a criação de valor para seus acionistas, investidores ou proprietários. Essas decisões demandam investimentos de recursos financeiros, aplicação de energia corporativa e consumo de tempo, cujos resultados são estimados, projetados ou previstos com base em premissas e cenários criados, porque ocorrerão no futuro, isto é, num ambiente de risco ou incerteza.

Cabe ressaltar que o gestor empresarial, independentemente de sua formação acadêmica ou de sua área de atuação profissional, irá deparar-se, invariavelmente, com problemas financeiros, de curto, médio e longo prazos, e com tomadas de decisões financeiras de diversas magnitudes, tais como: compra de um novo equipamento; aceitação de um desconto para comprar à vista, em vez de comprar a prazo; aplicações de excedentes de caixa; escolha das fontes de financiamento; lançamento de um novo produto; abertura de uma filial; entre outras. Dessa forma, o gestor empresarial deve estar sempre preocupado com o futuro, já que o sucesso de sua empresa e, consequentemente, seu sucesso profissional não dependem exclusivamente do desempenho passado, nem do patrimônio atual, mas, fundamentalmente, de sua capacidade de gerar e gerir o fluxo de caixa no futuro.

Como vimos, na prática as decisões financeiras são tomadas em ambiente de incerteza com relação a seus resultados. Em verdade, por estarem essas decisões fundamentalmente voltadas para o futuro, é imprescindível que se introduza a variável incerteza como um dos mais significativos aspectos do estudo das finanças corporativas. Finanças é uma ciência não exata, pois trabalha com a variável futuro, sobre a qual não temos controle e não podemos fazer previsões precisas; apenas podemos trabalhar com cenários probabilísticos. A matemática, apesar de ser considerada uma ciência exata, é utilizada em finanças apenas como uma ferramenta de auxílio, visto que os dados de entrada nas fórmulas não são exatos na maioria das vezes e, por conseguinte, os resultados também não podem ser exatos. Dessa forma, esses resultados matemáticos das finanças carecem de interpretação, avaliação e análise para que possam subsidiar as tomadas de decisões empresariais, sempre em ambiente de risco ou incerteza.

Assaf Neto (2015) entende que a ideia de risco está diretamente associada às probabilidades de ocorrência de determinados resultados em relação a um valor médio esperado. Em outras palavras, risco é a preocupação de que as projeções e previsões feitas para um projeto não se concretizem no futuro. Em termos estatísticos, o risco ocorre quando todas as ocorrências possíveis das variáveis de um projeto encontram-se sujeitas a uma distribuição de probabilidades conhecida, elaborada com base em experiências passadas ou no conhecimento de especialistas, com algum grau de precisão. Por outro lado, a ideia de incerteza ocorre quando essa distribuição de probabilidades não pode ser elaborada em virtude de situações de baixa ocorrência ou pouco comuns. Na prática, a diferença entre risco e incerteza está restrita ao grau de imprecisão das estimativas.

O conceito de risco é muito amplo e, em finanças corporativas, de um modo geral, devemos dar importância aos componentes de risco total: econômico e financeiro. As principais causas determinantes do risco econômico são de natureza conjuntural (políticas econômicas, novas tecnologias, alteração de legislação tributária, juros, câmbio e balança comercial), de mercado (crescimento da concorrência, por exemplo) e do planejamento e gestão da empresa (vendas, custos, preços, capital de giro e investimentos). O risco financeiro, de outro modo, está mais diretamente relacionado com o endividamento da empresa e com sua capacidade de pagamento (Assaf Neto, 2015).

Dessa maneira, podemos dizer que o risco total de qualquer ativo é definido por duas parcelas: parcela *sistemática* (risco de mercado, sistemático ou conjuntural) e parcela *não sistemática* (risco intrínseco ou próprio do ativo).

O risco sistemático, também chamado de risco não diversificável, está presente em todos os ativos do mercado, sendo determinado por eventos de natureza política, econômica, ambiental e social. Cada ativo apresenta um comportamento específico, sem um padrão previamente estabelecido, conforme o comportamento da conjuntura econômica vigente. O risco sistemático não pode ser totalmente evitado, pois atinge o mercado como um todo, mas podemos praticar a diversificação da carteira de ativos como medida preventiva para sua redução. Como os ativos variam de formas diferentes, alguns subindo, outros descendo ou mantendo-se estáveis, a diversificação é indicada para que os investidores possam minimizar possíveis perdas, ou mesmo conseguir resultados satisfatórios, dependendo dos ativos escolhidos.

O risco não sistemático ou intrínseco – risco diversificável – está relacionado com as características do próprio ativo e não contamina os demais ativos de uma carteira de investimentos. É um risco próprio de cada investimento realizado, e sua minimização em uma carteira é possível pela inclusão de ativos que não tenham correlações positivas entre si. Assaf Neto (2015) cita o exemplo das carteiras diversificadas, que costumam conter títulos de renda fixa e de renda variável, os quais são atingidos de maneira diferente diante de uma elevação dos juros da economia; ações de empresas de maior risco costumam compor carteiras com ações de negócios mais estáveis diante das flutuações da conjuntura econômica.

O risco de um investimento, ou de um ativo financeiro, geralmente pode ser mensurado de forma probabilística, a partir de atribuição de probabilidades, subjetivas ou objetivas, aos diferentes estados de natureza esperados e, em consequência, aos possíveis cenários de resultados criados. Dessa maneira, é construída uma distribuição de probabilidades dos resultados esperados para que possam ser mensuradas suas principais medidas estatísticas de dispersão e de avaliação do risco.

A probabilidade objetiva pode ser definida a partir de séries históricas de dados e informações, frequências relativas observadas e experiência acumulada no passado. A probabilidade subjetiva, por sua vez, tem como base a intuição, o conhecimento, a experiência do investidor e, até mesmo, um certo grau de crença da unidade tomadora de decisão.

Devemos lembrar um dos princípios fundamentais de finanças corporativas: resultados passados não garantirão os mesmos resultados no futuro. Os resultados passados, registrados por séries históricas, podem, quando muito, servir como fonte de informações e de tendência para as previsões de cenários futuros. Assim, podemos imaginar que bons cenários futuros podem ser construídos com base em dados do passado, com adição de boas doses de subjetividade, de intuição e do conhecimento de especialistas.

Damodaran (2009) preconiza que o risco está intrinsecamente ligado à probabilidade de se atingir um retorno sobre um projeto de investimento diferente daquele imaginado como certo, tanto os maus resultados (riscos negativos), quanto os bons resultados (riscos positivos).

Existem três variáveis que permeiam todo o processo de análise financeira e, portanto, precisamos dar-lhes especial atenção. São elas o risco, o preço e o retorno.

Risco

Em finanças, existe risco quando todas as ocorrências possíveis de uma variável encontram-se sujeitas a uma distribuição de probabilidades conhecida, ou seja, quando há variabilidade no retorno que esperamos de determinado ativo. Imaginemos uma aplicação em CDB pré-fixado que promete pagar, ao final de 32 dias, 0,85% ao mês sobre o capital empregado, sem qualquer consideração de inadimplência por parte do banco. Ora, sabemos que o banco pagará o valor estipulado, independentemente de qualquer fato que ocorra na economia. Portanto, nesse caso, o retorno (ou rentabilidade) obtido foi exatamente igual ao esperado. Assim, podemos dizer que não há risco no CDB, pois não haverá variabilidade do retorno esperado.

Por outro lado, sabemos que com as ações de uma empresa já não acontece a mesma coisa. Geralmente, com as ações esperamos, no próximo mês, por exemplo, algo como a média dos retornos obtidos nos meses anteriores. Todavia, sabemos perfeitamente que o retorno do mês seguinte poderá ser maior ou menor do que o valor esperado. Dessa forma, então, existe risco. Além disso, devemos saber que os retornos obtidos no passado com uma ação não garantem que os mesmos sejam repetidos no futuro. Uma série histórica de retornos pode servir, no máximo, como uma base para o futuro, ou melhor, como uma tendência para a criação de cenários futuros.

É próprio do ser humano ser avesso ao risco. Pelo menos, as pesquisas indicam que a maioria dos investidores apresenta esse comportamento. Assim, os investidores só se disporão a correr algum risco se perceberem a possibilidade de obtenção de um retorno maior que aquele que estão acostumados a obter na renda fixa, que não lhes oferece risco. Quanto maior essa variabilidade do retorno esperado, maior será o risco do ativo. E quanto maior for o risco do ativo, maior será o retorno esperado exigido pelo investidor para se arriscar a manter aquele ativo na carteira. Quando existe risco, falamos de retorno esperado e não de retorno certo. Por quê? Pelo fato de que o risco introduz uma variabilidade que não nos permite afirmar nada com certeza.

Então, a primeira coisa que precisamos memorizar quanto ao risco é sua definição financeira: o risco de um ativo é a variabilidade do retorno esperado desse ativo. Chamamos a atenção para o fato de que o risco, por ter variabilidade, tanto pode ter uma variabilidade positiva para o investidor quanto negativa. Claro que o investidor está preocupado com a componente negativa, mas sua ambição o leva a investir no ativo pensando na sua componente positiva. Como devemos, então, interpretar um risco maior de um ativo? Um ativo que tem um risco maior deve ser interpretado como um ativo que pode proporcionar ganhos maiores, assim como perdas maiores. Outra pergunta que pode ser feita: como medimos o risco do ativo? O risco do ativo pode ser medido de diversas formas, mas a mais comum é a medida estatística do desvio padrão dos retornos efetivos ocorridos no passado, em relação ao seu retorno esperado, que pode ser considerado a média aritmética dos retornos passados para o mesmo período.

Preço

O importante quanto aos preços dos ativos é compreender três aspectos. Primeiramente, que o preço é estimado pelos agentes financeiros com base no valor presente dos fluxos futuros de caixa esperados – pelos próprios agentes – para o ativo em questão. Em segundo lugar, os agentes levam em conta os riscos percebidos e os consideram quando estabelecem a taxa pela qual vão descontar o fluxo de caixa futuro estimado para a determinação do valor presente. A taxa nada mais é do que o mínimo de retorno que os agentes exigem para "carregar" o ativo. Quanto maior o risco do ativo, maior será a taxa considerada e, portanto, menor o preço que o agente financeiro estará disposto a pagar por ele. Por último, é preciso lembrar que o preço final é fruto da intensa negociação nos mercados secundários e produzido pelo resultado das forças de oferta e de demanda dos diversos agentes, que possuem percepções distintas.

Então, precisamos ter em mente que quanto maior o risco do ativo, percebido pelo mercado, menor será o preço que esse mesmo mercado estará disposto a pagar por ele. Deve ficar claro que maior risco implicará menor preço.

Retorno

Quando falamos de retorno de ativos sem risco, como uma renda fixa, por exemplo, um CDB pré-fixado, não haverá discrepância entre o retorno esperado e o retorno efetivamente obtido. Por isso, inclusive, dizemos que não há risco intrínseco. Agora, para a maioria dos demais ativos, existirá risco, ou seja, o retorno esperado e o retorno efetivamente obtido serão discrepantes na maioria das vezes. Assim, precisamos trabalhar com duas variáveis diferentes: o retorno esperado e o retorno efetivo. O retorno esperado é tipicamente estimado pelo mercado como sendo a média aritmética de todos os retornos passados do ativo em determinado período. O período considerado será um período do passado recente, no qual o comportamento do retorno do ativo mais se assemelhe ao presente.

Devemos notar que o retorno esperado, por ser uma média, é uma constante. Já o retorno efetivo é desconhecido até o momento em que o período em estudo termine. Antes disso, o retorno efetivo é considerado uma variável aleatória cujo valor esperado da distribuição é o valor esperado anteriormente mencionado. Lembremos a estatística: uma variável aleatória é uma variável que obedece a uma certa distribuição de probabilidades.

Essa distribuição de probabilidades é chamada de função densidade de probabilidade. Markowitz, que ganhou o prêmio Nobel dedicando-se aos estudos dos ativos de risco, demonstrou que essa distribuição de probabilidade não é uma distribuição normal, mas observou que ela se aproxima muito de uma distribuição normal, de forma que, para fins práticos, pode ser considerada como tal. Então, podemos concluir o seguinte: o retorno efetivo de um ativo, durante certo período, é uma variável aleatória, estimada como tendo distribuição normal, cuja média será o retorno esperado do ativo, se considerado antes da ocorrência do período considerado. Se considerado depois do término do período mencionado, será, por conseguinte, uma constante.

Brigham, Gapenski e Ehrhardt (2001) dizem que o conceito de retorno oferece aos investidores de capital uma maneira conveniente de expressar o desempenho financeiro esperado do projeto em análise.

Outra coisa importante é que quanto menor o preço pelo qual se compra um ativo, maior será o retorno que se pode esperar dele. Suponhamos que exista uma bola de cristal e que um ativo estará ao preço de R$ 100,00 ao final de um mês. Ora, se comprarmos o ativo hoje ao preço de R$ 100,00, teremos um retorno de 0% no mês. Todavia, se comprarmos esse mesmo ativo hoje ao preço de R$ 50, teremos um retorno de 100% no mês. Ou seja, quanto menor o preço pago, maior o retorno que pode ser esperado, isto é, preço e retorno esperado "andam" em sentidos contrários.

A dinâmica do mercado

Tivemos a oportunidade de verificar que os mercados trabalham com três variáveis inter-relacionadas: risco, preço e retorno. Vamos, agora, entender como elas são vistas e relacionadas dinamicamente. Em primeiro lugar, os investidores do mercado observam os retornos que os ativos estão fornecendo. Ao observar esses retornos, eles observam sua variabilidade em relação ao retorno esperado ou retorno médio e calculam o desvio padrão dos retornos passados, que será uma medida de risco para o ativo. O risco do ativo é, então, comparado com o retorno esperado, para ver se estão compatíveis. Podem acontecer três situações:

- o retorno esperado está compatível com o nível de risco e, nesse caso, o mercado entende que o preço pelo qual o ativo está sendo negociado é justo;
- o retorno esperado está acima do previsto para o nível de risco em questão e, nesse caso, os agentes do mercado se sentirão atraídos pelo ativo e começarão a comprá-lo, passando a ocorrer, assim, uma pressão de demanda que tenderá a aumentar seu preço, diminuindo o retorno que se pode esperar;
- o retorno esperado está inferior ao que parece razoável para o nível de risco do ativo e os agentes que o têm na carteira irão ao mercado vendê-lo, acarretando, assim, numa pressão de oferta sobre o mercado, que tenderá a baixar seu preço, provocando o aumento do retorno esperado, no caso de o ativo atingir um retorno esperado compatível com seu nível de risco.

Risco *versus* retorno

A conceituação do item acima fez uma introdução à base conceitual do binômio risco *versus* retorno, que está presente em todos os momentos de nossas vidas, e sua percepção varia de indivíduo para indivíduo, em razão de sermos sempre obrigados a avaliar subjetivamente os riscos a que estamos expostos para decidirmos se vamos enfrentar ou não a situação.

Imaginemos que uma pessoa seja desafiada a mergulhar no mar, do alto de um penhasco de 20 metros de altura, por um prêmio de R$ 100,00. Certamente, sua primeira atitude será estudar o problema, verificando a área de entrada na água, a profundidade do local, a proximidade das pedras e a condição da plataforma do salto. Caso essa pessoa chegue à conclusão de que o risco é maior que sua coragem, ainda mais pelo baixo retorno financeiro da aventura, ela declinará do desafio. Todavia, se o prêmio para essa pessoa aumentar para R$ 1.000,00, por exemplo, para ela realizar o salto, sua decisão poderá mudar. Assim, no caso de a pessoa considerar que a maior compensação financeira oferecida lhe dará coragem para o salto, ela avaliará que vale a pena correr o risco e aceitará o desafio. Eis o binômio risco *versus* retorno na prática.

Em finanças, o binômio risco *versus* retorno funciona da mesma forma e é inerente a todos os tipos de projetos de investimento, aplicações financeiras e a quaisquer ativos, fato que requer dos investidores a necessidade constante de procurar o equilíbrio entre as situações de risco e os retornos esperados e desejados.

Como regra, quanto maior o risco associado a um projeto de investimento, maior será o retorno esperado ou desejado, e, por outro lado, quanto maior o retorno esperado ou exigido em um projeto de investimento, maior será a exposição do investidor ao risco. Essa regra é a base da formação e determinação da taxa mínima de atratividade (TMA), como será visto a seguir.

A taxa mínima de atratividade

Como continuação do conceito introduzido no capítulo anterior, a TMA, que também pode ser intitulada taxa mínima de retorno ou, simplesmente, taxa de atratividade, é definida como a taxa de juros de retorno abaixo da qual os investidores, individuais ou corporativos, não a devem considerar atrativa para remunerar o capital a ser investido no projeto em análise.

A determinação da TMA tem grande dose de subjetividade à custa da difícil percepção e mensuração dos diversos tipos de risco aos quais os projetos estão sujeitos, tais como os riscos mercadológicos e concorrenciais, os riscos de mudança nas políticas econômica, cambial, monetária e tributária, e os riscos internacionais, inclusive o risco soberano do país.

Cabe ressaltar que o arbitramento de uma grande parcela de risco à TMA pode resultar em uma taxa de desconto inadequada e superdimensionada, que acarretará em um VPL menor, até mesmo negativo, afetando significativamente a indicação de viabilidade do projeto em análise. Quanto maior a TMA, maior será o nível de exigência de remuneração do capital investido e menor será a expectativa de geração de riqueza do projeto, indicada pelo VPL. Por isso, o investidor deve ser cuidadoso com a determinação da TMA, para que haja a adequada remuneração do capital aportado, face os riscos associados, para os investidores, e, ao mesmo tempo, para que o projeto possa gerar valor para a empresa, em decorrência de prometer um resultado financeiro superior ao custo do capital.

A TMA tem um componente subjetivo muito significativo, em virtude da participação do investidor ou acionista em sua definição, com sua experiência, capacidade financeira, aversão ou afeição ao risco e expectativas de retorno do capital investido, que podem acarretar exigências de recompensa maiores ou menores.

Em geral, o mercado aceita os títulos da dívida pública, as cadernetas de poupança e alguns fundos de renda fixa como aplicações praticamente sem risco, cujas taxas de juros oferecidas podem ser chamadas de taxa básica de juros, conforme mostra o ponto A da figura 3. Essa taxa básica de juros, teoricamente considerada sem risco, funciona como ponto de partida para a definição das TMAs da maioria dos projetos de investimento e tem a mesma característica da taxa livre de risco adotada no modelo CAPM, como será mostrado adiante, neste capítulo. O gráfico da figura 3 ilustra, além da composição da TMA, a ideia conceitual do binômio risco *versus* retorno, em que o eixo das ordenadas recebe a taxa de juros exigida, que se confunde com a própria TMA, e o eixo das abscissas indica o nível de risco percebido, medido ou atribuído ao investimento.

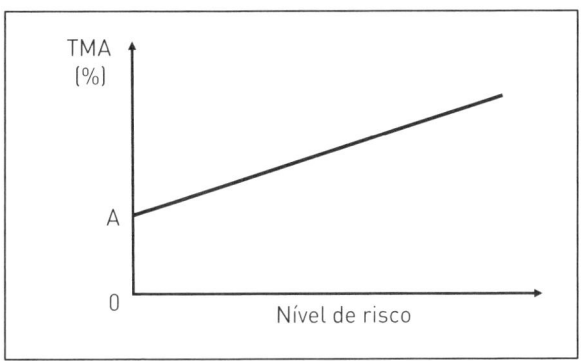

Figura 3
Representação ilustrativa da composição da TMA

No mundo corporativo, de maneira geral, as empresas podem ser financiadas de duas maneiras: integralmente por capital próprio ou por capital misto – parte capital próprio e parte capital de terceiros. Entendemos o capital próprio como os recursos financeiros aportados pelos acionistas e investidores, a geração de caixa da própria empresa, as emissões de ações ordinárias ou preferenciais e os reinvestimentos ou retenções de lucros. O capital de terceiros é caracterizado pelos recursos financeiros decorrentes de empréstimos, internos ou externos, concedidos por bancos comerciais ou de fomento, por lançamentos de debêntures ou de adiantamentos de clientes. Sem dúvida alguma, cada uma dessas fontes de recursos tem um custo financeiro que reflete as expectativas de risco e retorno de longo prazo dos financiadores.

Esse custo é conhecido no mercado como custo de capital e pode ser considerado a TMA mais apropriada para a análise de projetos de investimento empresariais, apesar da resistência de alguns especialistas em finanças. A TMA referenciada pelo custo de capital da empresa serve também como taxa de desconto para o cálculo do VPL dos projetos de investimento em análise e é determinante para o *go or no go decision*.

Damodaran (2009) recomenda o custo de capital como a taxa de desconto adequada, ou seja, a TMA, para o cálculo do VPL dos fluxos de caixa futuros esperados dos projetos de investimentos, com o propósito de avaliação e consequente tomada de decisão de implementação dos mesmos.

Custo do capital

O custo do capital é importante em finanças corporativas em geral, mas especificamente em análise de projetos de investimento e avaliação de ativos existe um grande interesse das empresas em conseguir o mínimo custo para seus recursos financeiros investidos, uma vez que o capital é um fator de produção e existe a necessidade de se determinar tal custo.

Genericamente, o custo do capital, de uma determinada fonte, pode ser definido como a taxa que iguala o valor presente dos pagamentos futuros que serão feitos à fonte ao valor de mercado do título em seu poder. Em outras palavras, é o custo máximo a que um capital pode ser conseguido caso todo o seu investimento fosse conseguido via financiamento, ou seja, é a rentabilidade auferida caso o capital financiasse integralmente certo projeto.

O aporte de recursos financeiros em projetos de investimento requer a tentativa de encontrarmos a melhor estrutura possível de capital da empresa, de modo que possa ser oferecido aos acionistas, investidores e financiadores o retorno exigido por eles e, ao mesmo tempo, haja a maximização da riqueza da empresa.

Como mencionado, a estrutura de capital de uma empresa é composta, normalmente, por capitais próprio e de terceiros, ou seja, respectivamente, capital dos acionistas da empresa, representados pela letra "E", do inglês *equity* (capital próprio), e capital tomado na forma de empréstimos ou alguma outra forma de captação de recursos que pagam juros, representados pela letra "D", do inglês *debt* (dívida). Doravante, os custos do capital próprio e de terceiros serão expressos na forma de taxas de juros, em percentuais, respectivamente, pelas notações k_e e k_d.

O custo do capital de terceiros é baseado nas taxas praticadas no mercado financeiro e o custo do capital próprio é definido pelas expectativas de retorno dos acionistas da empresa, com base nas características dos projetos futuros, com base no conceito do custo de oportunidade e do binômio risco *versus* retorno.

Damodaran (2009) define o custo de capital da empresa como a média ponderada dos custos financeiros das diversas formas de financiamento utilizadas para prover as necessidades financeiras de seus projetos, incluindo dívidas, capital próprio e títulos híbridos. Em outras palavras, podemos calcular estimativamente o custo de capital da empresa, ou de um projeto específico, simplesmente pelo somatório de todas as suas fontes de financiamentos, próprias ou de terceiros, segundo a participação percentual de cada uma delas no capital total a ser investido.

Essa forma de estimativa do custo do capital é muito utilizada em finanças corporativas e recebe a denominação de custo médio ponderado do capital, mais conhecido pela sigla CMPC, tradução literal de *weighted average cost of capital* (WACC). A seguir, mostraremos as formas de obtenção dos custos do capital próprio e de terceiros, e como podemos encontrar o CMPC.

Custo do capital próprio

O custo do capital próprio pode ser representado pela estimativa da taxa de retorno para os acionistas, cuja determinação é um pouco mais complexa do que no caso da dívida, como será visto adiante, porque os benefícios futuros e o valor de mercado dos títulos são, em geral, menos explícitos.

De acordo com o trabalho de Costa, Costa e Alvim (2010), embora não seja uma informação explícita nas demonstrações contábeis das empresas, o custo do capital próprio existe e reflete as expectativas subjetivas de retorno dos acionistas, além de ser maior do que o custo do capital de terceiros, em virtude do maior risco envolvido.

Devemos lembrar que o binômio risco *versus* retorno apregoa que aquele envolvido em situação de maior risco deve cobrar ou exigir mais remuneração para enfrentar esse risco. No mercado financeiro, o capital próprio é considerado mais arriscado em razão de não possuir garantias legais de recuperação, pois está atrelado ao sucesso do projeto e, no caso de sucesso, levar mais tempo para ser retornado. Já o capital de terceiros é menos arriscado para os emprestadores de recursos financeiros, pelo fato de estar protegido por legislação específica e possuir garantias físicas e líquidas que o protegem de eventuais inadimplências, além de não se encontrar vinculado diretamente ao sucesso do projeto.

Seguindo o conceito de custo de oportunidade, definido anteriormente, o custo do capital próprio é a melhor remuneração que o investidor poderia conseguir, empregando seu dinheiro numa aplicação alternativa. O custo do capital próprio seria a rentabilidade mínima exigida por um investidor para suas aplicações ou a melhor oportunidade de aplicação que ele alternativamente teria em outro projeto proposto.

Esse procedimento é bom para empresas com apenas um proprietário, ou com número limitado de sócios, em que podemos considerar cada um como uma fonte de capital próprio. Quando o capital da empresa é aberto, entendemos ser impossível fazer isso, e, então, devemos voltar a pensar em benefícios futuros e valor de mercado de títulos.

Quando uma empresa emite ações e as coloca no mercado, ela está se comprometendo a remunerar aqueles papéis por meio de dividendos, embora os dividendos não representem um compromisso tão rígido quanto o pagamento de juros e das amortizações aos credores. Entretanto, de maneira geral, as empresas têm uma política de pagamento de dividendos que é de pleno conhecimento do mercado. A partir disso, é criada uma expectativa de benefícios futuros que, junto com o valor de mercado da ação, vai determinar o custo do capital próprio da empresa. Cabe ressaltar que nenhum retorno para os acionistas é, obviamente, determinístico, nem os dividendos nem sua taxa de crescimento, já que os pagamentos de dividendos podem ser reduzidos, ou até mesmo cancelados, enquanto as expectativas de crescimento podem não se concretizar.

Na visão de Ross, Westerfield e Jaffe (2009), sempre que uma empresa dispuser de fundos excedentes, ela pode distribuir esses fundos como dividendos a seus acionistas ou aplicá-los em um ou mais projetos, para conseguir mais fundos e poder distribuir mais dividendos. Certamente, se os acionistas pudessem reaplicar os dividendos recebidos em algum ativo financeiro com o mesmo risco dos novos projetos propostos, eles escolheriam a opção com maior retorno esperado, ou seja, com maior expectativa de custo de seu capital próprio. Esses e tantos outros autores recomendam a ferramenta do CAPM para a estimativa do custo de capital próprio de uma empresa, conforme será visto a seguir.

O CAPM

Desde o início dos anos 1960, a preocupação dos gestores financeiros tem sido com o binômio risco *versus* retorno. A teoria do *capital asset pricing model*, mais conhecida por sua sigla em inglês CAPM e traduzida como modelo de precificação de ativos financeiros, foi desenvolvida para explicar o comportamento dos preços dos ativos financeiros e fornecer um mecanismo que possibilite aos investidores avaliar o impacto do risco sobre o retorno de um ativo.

O desenvolvimento do CAPM é atribuído a Sharpe e Lintner, que, separadamente, desenvolveram, quase que simultaneamente, a mesma teoria. Willian Sharpe publicou o artigo "Capital asset prices: a theory of market equilibrium under conditions of risk" no *Journal of Finance* em setembro de 1964, e John Lintner publicou o artigo "Security prices, risk, and maximal gains from diversification" no mesmo periódico em dezembro de 1965.

O CAPM segue o raciocínio intuitivo dos investidores e acionistas quando aplicam capital no mercado de risco ou em projetos de investimentos, conforme a introdução feita no capítulo 1, posto que sua formulação possui as duas parcelas evidentes da composição de uma TMA, que são a taxa de juros livre de risco, ou com o mínimo risco possível, disponível para o investidor, e uma taxa de juros compensatória, arbitrada ou estimada, pelo risco associado ao investimento.

Além de ser muito utilizado nas várias operações do mercado de capitais, auxiliando os investidores em suas decisões num ambiente de risco, Assaf Neto (2015) confirma que o CAPM permite a apuração da taxa de retorno exigida pelos investidores, ou seja, a TMA para o capital próprio. Esse autor relaciona, ainda, algumas hipóteses formuladas para o CAPM, como acontece em todos os modelos teóricos, a saber: (a) as informações do mercado estão igualmente disponíveis a todos os investidores; (b) os investimentos em ativos são isentos de tributos ou quaisquer restrições; (c) os investidores percebem da mesma maneira o desempenho dos ativos e formam suas carteiras eficientes, a partir de idênticas expectativas; e (d) o mercado oferece uma taxa de juros reconhecida como livre de risco. Muitas conclusões sobre o processo de avaliação de ativos são definidas a partir dessas hipóteses do CAPM e não invalidam o modelo, mesmo que não ocorram na prática do mercado.

A expressão a seguir representa matematicamente o CAPM, cuja utilidade neste livro é definir a taxa de retorno requerida para o capital próprio, para um projeto de investimento em condições de risco.

$$R = R_f + \beta \cdot (R_m - R_f) \tag{3}$$

onde:
- R é a taxa de juros de retorno exigida como TMA do capital próprio (*required rate of return* ou *expected return*), que pode ser também representado por k_e ou k_0;
- R_f é a taxa de juros de títulos livres de risco (*risk-free rate of return*);
- $(R_m - R_f)$ é o prêmio de risco de mercado (*risk premium*);
- β é o coeficiente beta.

Vale ressaltar que o R da expressão 3, originário do termo em inglês *return*, pode ser substituído pelas notações aqui convencionadas para os custos do capital próprio, ou seja, k_e ou k_0. Assim, a expressão 3 poderia ser mostrada, por exemplo, como $k_e = R_f + \beta \cdot (R_m - R_f)$.

A taxa de juros de títulos livres de risco (R_f) é um desafio para os financistas e analistas de projetos de investimento, visto que esses tipos de títulos prometem rendimentos determinísticos, constantes ao longo do tempo, sem a influência negativa da inflação e sem chances de inadimplência dos emissores. Costa, Costa e Alvim

(2010) afirmam que somente os governos de economias maduras poderiam se aproximar dessas condições de certeza e, por isso, essa taxa livre de risco é difícil de ser estabelecida para o CAPM. Todavia, existe no mercado um consenso de que as taxas de juros oferecidas pelos títulos emitidos pelo governo americano podem ser consideradas livres de risco.

No caso brasileiro, alguns entendem que os títulos do Tesouro Nacional, a caderneta de poupança e alguns fundos de renda fixa poderiam ser considerados livres de risco para utilização no CAPM, mas, diante da classificação de nosso país como uma economia não madura, Costa, Costa e Alvim (2010) recomendam como R_f a taxa de juros livre de risco dos EUA, com um adicional do risco Brasil (*country risk*). Em suma, o R_f deve ser estimado com base em títulos que proporcionem retornos esperados "certos", na visão dos acionistas, cotistas e investidores, dentro do intervalo de tempo de análise do projeto em estudo.

No caso do prêmio de risco de mercado ($R_m - R_f$), precisamos definir, primeiramente, o significado do R_m, que representa o retorno esperado da carteira de mercado. A carteira de mercado R_m é uma carteira teórica de referência de uma bolsa de valores, composta por certa quantidade das ações mais negociadas em períodos variáveis, que serve para formar um índice representativo do desempenho médio das cotações do mercado considerado. Esse índice permite um panorama geral de como as ações das principais empresas de capital aberto estão se comportando, bem como proporciona uma percepção da conjuntura política e econômica do país e do mundo. No Brasil, o principal índice que mede a performance das ações das empresas nacionais de capital aberto é o índice Bovespa, da Bolsa de Valores de São Paulo.

Com base na definição do R_m, podemos, agora, entender o prêmio de risco de mercado, que, teoricamente, deve refletir o retorno exigido por investidores para compensar o risco que estão assumindo no mercado de ações. Trata-se de um retorno adicional à taxa livre de risco, dado que o prêmio de risco de mercado é representado pela diferença entre R_m e R_f. Geralmente, as bolsas de valores divulgam seus prêmios de mercado esperados, e os portais especializados em mercado acionário apresentam os prêmios de mercado das principais bolsas do planeta.

Completando os elementos da expressão 3 do CAPM, temos o coeficiente β, que, segundo Costa, Costa e Alvim (2010), é a medida de risco que indica quanto o retorno de uma determinada ação sofre pela influência do risco sistemático, isto é, o risco de mercado. Esse risco deve ter como referência comparativa a rentabilidade da carteira de mercado R_m.

Brigham, Gapenski e Ehrhardt (2001) entendem o coeficiente β como um elemento-chave do CAPM por exprimir o risco sistemático de ativos financeiros, como as ações de empresas negociadas nas bolsas de valores, com base no coeficiente angular da reta de regressão linear das variações desses ativos financeiros sobre as variações da carteira de mercado R_m. Por definição, a carteira de mercado R_m possui um beta igual a 1,0, que representaria, na prática, a comparação da evolução dessa carteira sobre ela mesma, ou seja, se o mercado subir 10%, essa ação tenderá a subir também 10%, e se o mercado cair 20%, tenderá a cair 20%.

Como o coeficiente β mede a sensibilidade de um ativo em relação aos movimentos do mercado, podemos considerá-lo uma medida da volatilidade desse ativo em relação ao mercado como um todo. Dessa forma, quando o β de uma ação é muito próximo de 1,0, devemos entender que essa ação vem se movimentando na mesma direção da carteira de mercado, em termos de retorno esperado, ou seja, o risco da ação encontra-se bem similar ao risco sistemático do mercado. Por exemplo, uma ação com β igual a 1,0, no caso de o mercado subir 10%, tenderá a subir também 10% e, na hipótese de queda de 5% do mercado, tenderá a cair 5%.

No caso de uma ação com β maior que 1, devemos perceber que ela apresenta uma volatilidade maior do que a carteira de mercado, podendo ser considerada um investimento "agressivo". Por exemplo, com um crescimento de 12% no mercado, uma carteira de ações com β igual a 1,5 tende a crescer 18%, mas, se o mercado cair 8%, essa carteira tende a se desvalorizar 12%.

Quando o β for inferior a 1, temos um ativo considerado "defensivo", que vem demonstrando um risco sistemático menor que a carteira de mercado. Por exemplo, uma ação com β igual a 0,75 e o retorno de mercado de 10%, tende a atingir um retorno de 7,5%, mas, no caso de um retorno negativo da carteira de mercado de 6%, o retorno da ação tende a cair 4,5%.

A figura 4 mostra a representação gráfica do CAPM para que possamos visualizar o coeficiente β e perceber a relação risco *versus* retorno para investimento em dois ativos, com base na equação da reta do mercado de títulos (*security market line* – SML), também conhecida como a reta do mercado de capitais, cuja construção deriva da expressão 3.

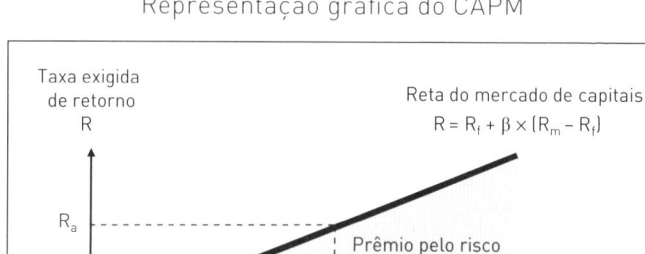

Figura 4
Representação gráfica do CAPM

Determinação do custo do capital próprio pelo CAPM

A utilização do CAPM como base de cálculo para a determinação do custo do capital próprio produz uma taxa de retorno potencial exigida para as ações ou cotas da empresa e não pode ser confundida com a taxa de retorno realizada. Na prática, a taxa de retorno alcançada poderá ser maior do que a esperada ou exigida, mas também poderá ser menor. O CAPM baseia-se em séries históricas para chegar ao custo do capital próprio requerido pelos investidores. Em finanças, devemos respeitar aquela máxima que diz que resultados passados não garantem os mesmos resultados no futuro e que o CAPM é um modelo teórico com diversas limitações, conforme mostrado anteriormente.

O exemplo 6 apresenta uma aplicação prática do CAPM com o objetivo de obtenção da estimativa do custo do capital próprio de uma empresa sociedade anônima, de capital aberto, com ações negociadas no mercado. A taxa de juros R obtida pode desempenhar o papel de TMA para os investidores em ações dessa empresa e, também, servir para subsidiar os acionistas da empresa nas tomadas de decisão em projetos de investimentos.

Exemplo 6

As ações da Industrial Copacabana S.A. apresentam um beta histórico de 1,2, ou seja, seu risco sistemático é 20% maior que o risco do mercado como um todo. A taxa livre de risco encontra-se na casa dos 6% a.a. e a expectativa dos investidores para a carteira de mercado gira em torno de 10,5% a.a. Determine a taxa mínima exigida pelo investidor da ação da Industrial Copacabana S.A., utilizando o CAPM.

$\beta = 1{,}2$; $R_f = 6\%$ a.a.; $R_m = 10{,}5\%$ a.a.

Utilizando o CAPM, pela expressão 3:

$R = R_f + \beta \cdot (R_m - R_f) = 6\% + 1{,}2 \cdot (10{,}5\% - 6\%)$

$R = 11{,}4\%$ a.a. $\leftrightarrow k_e = 11{,}4\%$ a.a. ◀ TMA estimada da Industrial Copacabana S.A.

O retorno esperado dessa ação deve ser, no mínimo, igual a 11,4% a.a., que representa o custo do capital próprio da Industrial Copacabana S.A. (k_e), percentual que pode ser utilizado como a taxa mínima de atratividade para os investidores.

No caso da aplicação do CAPM para a estimativa do custo de capital de empresas sociedades anônimas, de capital fechado, ou empresas de sociedade limitada, com cotas de responsabilidade, existe a necessidade do cálculo do risco sistemático, ou seja, o coeficiente beta, por meio comparativo, visto que esses tipos de empresas não possuem ações negociadas no mercado.

Tendo em vista que, pelo método CAPM, o cálculo de beta torna-se fundamental para encontrarmos o valor do custo de capital próprio, surge a questão que envolve a seguinte dúvida: como determinar o valor do beta para uma empresa de capital fechado, sem ações no mercado, ou ainda como calculá-lo para uma empresa que ainda não existe, no caso de análise de projetos?

Algumas questões tornam-se difíceis para que seja feita a correta estimativa do custo de capital das empresas de capital fechado, em virtude do difícil acesso às informações e à frequência com que essas empresas captam recursos no mercado financeiro e em órgãos governamentais, o que distorce a média de custo de capital.

Como esses tipos de empresas não possuem ações negociadas no mercado, sugerimos a adoção de coeficientes beta de empresas comparáveis, atuantes na mesma atividade econômica e que tenham ações negociadas em bolsas de valores, conforme será mostrado adiante.

De um modo geral, o CAPM é utilizado tanto na estimativa da taxa de retorno exigida nas decisões do investimento (R) quanto na definição da TMA do capital próprio nas análises de projetos de investimentos, atuando como taxa de desconto para os cálculos do VPL, *payback* descontado (PBD) e índice de lucratividade líquida (ILL) e como referência para comparação com a taxa interna de retorno (TIR), conforme será mostrado no capítulo 4.

Devemos ressaltar que não se deve interpretar R como a remuneração alternativa que um investidor teria no mercado financeiro, quando da comparação com a aplicação de seu capital num projeto de investimento. Sendo R considerada a TMA do investidor, deve-se interpretar corretamente a taxa de juros R como a taxa de remuneração mínima exigida pelo investidor para aplicar seu capital no projeto de investimento em análise, de forma a compensar os riscos "percebidos" nesse mesmo projeto. Na verdade, podemos considerá-la uma taxa potencial de mercado, ou seja, caso o investidor não queira aplicar no projeto em análise, ele poderia conseguir a taxa R, que é probabilística, caso as premissas estabelecidas pelo CAPM venham a ocorrer. Em suma, o investidor poderia considerar "certa" somente a taxa livre de risco como alternativa para remunerar seu capital.

Alavancagem e desalavancagem do beta

A taxa de juros R, obtida pelo CAPM, também pode ser representada por k_0, que é o custo do capital próprio não alavancado ou TMA desalavancada do acionista, isto é, sem a presença do capital de terceiros na estrutura de capital da empresa, ou por k_e, que é o custo do capital próprio alavancado ou TMA alavancada do acionista, isto é, com a presença do capital de terceiros na estrutura de capital da empresa. A diferença entre k_0 e k_e depende do grau de alavancagem do capital próprio, ou seja, da relação D/E, onde D (*debt*) é a proporção do capital de terceiros na estrutura de capital da empresa e E (*equity*), a proporção do capital próprio. Sabemos que D + E equivalem a 100% e podemos imaginar que, quanto maior o numerador da razão D/E, maior será o nível de alavancagem da empresa e, por conseguinte, mais risco em função do endividamento. Com isso, k_e será sempre maior que k_0, visto que a empresa alavancada assume os riscos do endividamento, especialmente aqueles relativos às garantias apresentadas às instituições financeiras, que ultrapassam o valor tomado emprestado.

Com base nesse raciocínio, as finanças corporativas adotaram a chamada fórmula de Hamada, representada pela expressão 4, que permite a estimativa da TMA alavancada a partir do grau de risco do coeficiente β, em função da razão D/E:

$$\beta_L = \beta_U \cdot [1 + (1 - IR) \cdot \frac{D}{E}] \tag{4}$$

onde:
- β_L corresponde ao beta alavancado (*leverage*) e β_U, o beta desalavancado (*unlevarage*);
- IR é a alíquota do imposto de renda da empresa.

Os índices "L" e "U" podem ser substituídos por "e" e "0", passando a fórmula para "$\beta_e = \beta_0 \cdot [1 + (1 - IR) \cdot D/E]$", sem prejuízo do entendimento do conceito.

A expressão 4 permite a adoção do CAPM para o caso de empresas de capital fechado, as chamadas limitadas, ou as empresas de capital aberto que não negociam suas ações em bolsas de valores e, portanto, não possuem coeficientes beta próprios. Nesse caso, o método mais utilizado para a definição de uma taxa de retorno exigida para o capital próprio, a TMA, é a adoção de coeficientes beta de empresas comparáveis, ou seja, empresas do mesmo setor econômico ou mesma atividade, com ações negociadas em bolsas de valores. Em verdade, trata-se de um método controvertido, pois não se pode admitir a existência de empresas verdadeiramente comparáveis, mas o mercado aceita esse método como forma de definição da TMA de uma empresa. Dessa forma, sugerimos os seguintes procedimentos:

- encontre uma empresa comparável, sociedade anônima de capital aberto, com ações negociadas em bolsas de valores, no Brasil ou nos Estados Unidos, da mesma linha e ramo

de atuação da empresa de capital fechado em estudo, ou de atividade econômica semelhante;
- adote o coeficiente beta histórico dessa empresa comparável que, por definição, será um beta alavancado, pois dificilmente existirão empresas que, de alguma forma, não utilizam o capital de terceiros e sejam consideradas desalavancadas;
- proceda à desalavancagem do beta comparável, utilizando a expressão 4, com base na estrutura média de capital da empresa comparável;
- encontre o beta a ser utilizado para a empresa em estudo, utilizando a mesma expressão 4, pela alavancagem do beta comparável desalavancado (realavancagem), agora com base na estrutura de capital da empresa em estudo;
- no caso de empresas comparáveis do mercado norte-americano, recomendamos o mesmo procedimento acima, mas o cálculo do custo de capital próprio pelo CAPM, com utilização da expressão 3, deve ser acrescido de uma parcela de risco adicional (R_a), equivalente ao risco país do Brasil (*country risk*); a expressão 3 passaria para "$R = R_f + \beta \cdot (R_m - R_f) + R_a$";
- encontre o custo do capital próprio da empresa em estudo (k_e), utilizando a expressão 3, com base no beta comparável realavancado.

Cabe ressaltar que a imprecisão do procedimento sugerido acima deve ser considerada no momento da definição do custo de capital próprio de uma empresa de capital fechado, uma vez que, conforme consta na obra de Costa, Costa e Alvim (2010), esses tipos de empresas possuem riscos mais elevados e, consequentemente, betas maiores, em virtude da falta de diversificação por parte de seus acionistas. Como esses betas não podem ser calculados porque essas empresas não possuem ações no mercado, os valores estimados para seus custos do capital próprio podem ficar abaixo da expectativa dos acionistas.

Esse comentário serve também para o caso das empresas de capital aberto, inclusive aquelas com ações negociadas em bolsas, pois o CAPM não pode ser provado empiricamente e seus parâmetros são muito difíceis de estimar, segundo Brigham, Gapenski e Ehrhardt (2001). Então, recomendamos precaução para a utilização do CAPM para fins de determinação do custo do capital próprio de quaisquer tipos de empresas, apesar de seu grande sucesso no mundo corporativo.

O exemplo 7 mostra o caso de uma empresa de capital fechado, considerando que existem empresas de capital aberto, com ações negociadas em bolsa, atuantes na mesma atividade econômica no mercado brasileiro.

Exemplo 7

Estime a taxa de retorno a ser exigida pela Mineradora Ipanema Ltda., de capital fechado, que atua no setor de mineração. A empresa tem uma relação D/E igual a 0,57, com base em valores contábeis. Uma pesquisa no mercado acionário mostra que o Beta médio e a razão D/E média de empresas de capital aberto, com ações negociadas em bolsa, envolvidas no mesmo ramo de atuação da Mineradora Ipanema Ltda., equivalem a, respectivamente, 1,15 e 0,72. Considerar o IR de 30%, a taxa livre de risco de 4% a.a. e o prêmio de mercado (Rm − Rf) de 6% a.a.

Passo 1: desalavancar o beta médio do setor, pela relação D/E média, utilizando a expressão 4
$\beta_U = \beta_L / [1 + (1 - IR) \cdot D/E] = 1,15 / [1 + (1 - 0,30) \cdot 0,72] = 0,76$

Passo 2: alavancar o beta do setor com base da relação D/E da Mineradora Ipanema Ltda.
$\beta_L = \beta_U \cdot [1 + (1 - IR) \cdot D/E] = 0,76 \cdot [1 + (1 - 0,30) \cdot 0,57] = 1,06$

Passo 3: calcular a taxa de retorno a ser exigida pela Mineradora Ipanema Ltda., com a expressão 3
$R = Rf + \beta \cdot (Rm - Rf) = 4\% + 1,06 \cdot (6\%) = 10,36\%$ a.a.
$R = 10,36\%$ a.a. ↔ $ke = 10,36\%$ a.a. ◄ TMA da Mineradora Ipanema Ltda.

A TMA encontrada acima corresponde ao custo do capital próprio alavancado da Mineradora Ipanema Ltda. (k_e).

Custo do capital de terceiros

Kato (2012) define o capital de terceiros como a parcela do capital total da empresa que engloba todas as obrigações com pessoas físicas e jurídicas, excetos seus próprios acionistas. Tais obrigações incluem empréstimos bancários, financiamentos, fornecedores, debêntures, entre outras formas de captação de recursos financeiros.

Segundo Brigham, Gapenski e Ehrhardt (2001), para estimarmos o custo da dívida, precisamos, primeiramente, determinar a taxa de retorno que os detentores dessa dívida requerem, ou seja, a taxa de juros cobrada, representada por k_d. Entretanto, a taxa de juros k_d não é igual ao custo efetivo da dívida da empresa, porque os juros são dedutíveis para fins de imposto de renda. Como resultado, o custo do capital de terceiros da empresa será menor do que a taxa de juros de retorno requerida pelos detentores desses títulos de dívida, conforme será mostrado adiante.

Por outro lado, quando o capital é de terceiros, os benefícios futuros podem ser conhecidos, ou estimados, bastando conhecer o valor de mercado dos títulos para que se possa determinar o custo da dívida. Em muitos casos, não existe um mercado para esses títulos, e a determinação do custo da dívida tem de ser feita, ainda que de forma imperfeita, com base no que se supõe ser o valor de mercado dos títulos, ou no seu valor nominal.

Como dissemos, os juros das dívidas podem ser dedutíveis do lucro tributável e, assim, influenciar o cálculo do imposto de renda. Dessa forma, calculamos o custo da dívida, ou seja, as despesas financeiras incidentes, deduzindo-se, dos benefícios pagos à fonte, a redução de imposto de renda que a empresa tem por pagar juros. Isso resulta num custo, para a dívida, menor que a taxa de juros.

Para se calcular o custo do capital de terceiros, ou custo da dívida, com ou sem IR, deve-se montar o fluxo de caixa separando-se as entradas de capital, amortizações e juros, e incluir as reduções de IR trazidas pelos juros, já que, para uma mesma taxa de juros e uma mesma alíquota de IR, o custo da dívida varia conforme a duração do empréstimo e o esquema de amortização. Uma expressão aproximada para o cálculo do custo líquido da dívida é a seguinte:

$$k'_d = k_d \cdot (1 - IR) \tag{5}$$

onde:
- k_d representa a taxa bruta do custo do capital de terceiros;
- k'_d é a taxa líquida de juros do empréstimo, ou seja, do capital de terceiros, considerando o benefício do IR;
- IR é a alíquota do imposto de renda, na forma unitária.

O exemplo 8 mostra a determinação do custo líquido do capital de terceiros.

Exemplo 8

A Leblon Transportes Ltda. toma um empréstimo de R$ 250.000,00 para pagar, no prazo de um ano, o montante de R$ 275.000,00. O custo bruto da dívida é de 10% a.a. com uma alíquota de 30% para o imposto de renda. Determine o custo líquido dessa dívida para a empresa.

Com utilização da expressão 5:
k_d = 10% a.a.
$k'_d = k_d \cdot (1 - IR)$ = 10% . (1 − 0,30) = 7% a.a. ◀ custo líquido da dívida para a Leblon Transportes Ltda.

A entrada do principal não tem influência no lucro tributável, assim como a sua amortização, porém o pagamento de R$ 25.000 de juros é dedutível, e reduz em R$ 7.500 o IR a pagar. Por isso, o custo líquido da dívida cai para 7% a.a., levando-se em conta o IR.

Custo médio ponderado do capital

Damodaran (2009) afirma que a maioria das atividades financeiras corporativas utilizam uma combinação de dívida e capital próprio, sendo que o custo total do capital das empresas, intuitivamente, é a média ponderada dos custos dos diferentes componentes do financiamento usados para suprir suas necessidades financeiras.

Quando uma empresa utiliza uma estrutura de capital composta por recursos próprios e de terceiros, devemos tomar a média dos custos de ambas as fontes, ponderada consoante a participação de cada uma, como método para a determinação do custo do capital total. Em outras palavras, podemos aplicar o conceito de custo de capital de certa fonte, própria ou de terceiros, para determinar o custo do capital da empresa (ou de um projeto), simplesmente pelo somatório de todas as fontes segundo a participação percentual de cada uma delas no capital total.

Uma boa estimativa do custo do capital da empresa é o custo médio ponderado do capital, mais conhecido pela sigla CMPC, que é a média ponderada dos custos das fontes de capital, usando como pesos os respectivos percentuais de participação de cada fonte no capital total da empresa ou do projeto. O CMPC, em inglês *weighted average cost of capital* (WACC), é muito usado como estimador do custo do capital, além de apresentar a grande vantagem de tornar desnecessária a explicitação dos benefícios futuros de todas as fontes.

Então, se a empresa, ou mesmo um projeto, possui "n" fontes de capital, com custos k_1, k_2, ..., k_n e valores de investimento, ou de capital, C_1, C_2, ..., C_n, o custo médio ponderado do capital será:

$$CMPC = \frac{C_1.k_1 + C_2.k_2 + \cdots + C_n.k_n}{C} \qquad (6)$$

onde: C = C1 + C2 + ... + Cn

Dentro dessa sistemática, para determinarmos o custo do capital da empresa é necessário identificar, em seu passivo, quais são suas fontes de capital, para em seguida determinar os custos dessas fontes e depois ponderá-los. No caso de apenas duas fontes de capital, uma de capital próprio, com custo k_e e participação percentual w_e, e outra taxa de capital de terceiros com custo k_d

e participação percentual w_d, a expressão passa a ter a seguinte forma:

$$CMPC = k_e \cdot w_e + k_d \cdot (1 - IR) \cdot w_d \qquad (7)$$

onde: $w_e + w_d = 100\%$. O exemplo 9 mostra o cálculo do CMPC.

Brigham, Gapenski e Ehrhardt (2001) recomendam que as porcentagens dos componentes de capital da empresa, aqui chamadas de pesos, sejam baseadas em valores contábeis retirados dos balanços patrimoniais em valores correntes de mercado dos componentes de capital ou com base na estrutura de capital-alvo da empresa ou do projeto em estudo. Ainda segundo Brigham, Gapenski e Ehrhardt (2001), os pesos corretos são aqueles baseados na estrutura de capital-alvo da empresa ou projeto, uma vez que essa é a melhor estimativa para a forma como o dinheiro será levantado no futuro.

Em outras palavras, o CMPC pode ser considerado a taxa média de juros exigida, para os capitais próprios e de terceiros, que financiará as atividades e investimentos do projeto ou empresa em análise. No caso de análise de um projeto de investimento com fluxo desalavancado, o CMPC será a taxa de desconto para os cálculos do VPL, *payback* descontado e ILL, como mostraremos adiante, nos capítulos 3 e 4. Nesse caso, a análise de um projeto com fluxo desalavancado, ou seja, que não considera o impacto do capital de terceiros, tem por finalidade o estudo da viabilidade potencial desse projeto como um todo, independentemente da forma como ele será financiado. Por isso, o CMPC é utilizado como taxa de juros de desconto, pois já considera o benefício tributário do capital de terceiros em sua composição, conforme mostra a expressão 7. No caso da avaliação de uma empresa que tem por base o fluxo de caixa desalavancado, o raciocínio é o mesmo, e o CMPC terá o papel da taxa de juros de desconto para o cálculo do fluxo de caixa descontado, como mostraremos no último capítulo.

> **Exemplo 9**
>
> Um projeto da Botafogo Realizações Imobiliárias S.A. utilizará endividamento de longo prazo e financiamento de capital ordinário. Calcule o CMPC do projeto proposto com base nas seguintes informações: taxa de juros livre de risco de 5,5% a.a.; beta do capital ordinário de 0,85; prêmio de risco de mercado de 4,75% a.a.; custo esperado da dívida (antes do IR) de 8% a.a.; proporção financiada da dívida igual a 60%; alíquota marginal de IR de 30%.
>
> Cálculo do custo do capital próprio pelo CAPM pela expressão 3:
> $k_e = R_f + \beta \cdot (R_m - R_f) = 5,5\% + 0,85 \cdot (10,25\% - 5,5\%) = 9,54\%$ a.a.
> Cálculo do custo médio ponderado do capital pela expressão 7:
> CMPC = $k_e \cdot w_e + k_d \cdot (1 - IR) \cdot w_d$
> CMPC = 9,54% . 0,40 + 8% . (1 − 0,30) . 0,60
> CMPC = 7,18% a.a. ◄ CMPC da Botafogo Realizações Imobiliárias S.A.

As proposições de Modigliani e Miller

A abordagem da estrutura de capital, de forma rigorosa e científica, foi realizada, a partir de 1958, por Franco Modigliani e Merton Miller, conhecidos pela sigla MM, cujos documentos publicados são considerados os mais influentes no mundo das finanças até os dias de hoje. Eles estabeleceram pressupostos que foram atenuados mais tarde, além de sofrerem muitas críticas, sem, contudo deixarem de ser considerados nas finanças corporativas (Brigham, Gapenski e Ehrhardt, 2001).

Modigliani e Miller (MM), em sua proposição I, afirmam que o ativo total da empresa (A) e seu valor (V) não dependem da estrutura de capital escolhida, mas apenas de seus ativos. A proposição I de MM permite uma completa separação entre as decisões de investimentos e de financiamentos. Essa proposição assume a premissa da existência de um mercado perfeito e eficiente.

Um mercado é denominado eficiente quando as informações estão sempre disponíveis a todos, no mesmo instante e com utilização imediata, de forma racional. Consideramos que toda informação relevante já esteja refletida no preço. O mercado perfeito é quando supomos a inexistência de corretagens, impostos, custos de falência e quaisquer outros custos de transação.

A discussão da proposição I de MM não será estendida, pois entendemos que esse assunto seja bastante complexo e controvertido para os objetivos deste trabalho, mas vale seu registro como alerta para estudos mais aprofundados em finanças.

Em uma segunda proposição (proposição II), ainda dentro da análise da alavancagem sob o pressuposto de que não existem impostos sobre a renda das pessoas físicas e jurídicas, MM afirmam que a taxa de rentabilidade esperada pelos acionistas aumenta à medida que a relação D/E da empresa aumenta. Brealey e Myers (2013) questionam como podem os acionistas ficar indiferentes a um endividamento crescente, se esse endividamento faz aumentar a rentabilidade esperada. A resposta está ligada ao fato de que qualquer aumento da rentabilidade esperada é exatamente compensado por um aumento do risco e, portanto, da taxa de rentabilidade exigida pelos acionistas. Isso está estreitamente ligado ao conceito do binômio risco *versus* retorno, explicado anteriormente.

Em outras palavras, a proposição II de MM preconiza que a rentabilidade esperada das ações ou cotas de uma empresa com dívidas tem aumento proporcional à relação entre capitais de terceiros e capital próprio, em valores de mercado. Na prática, MM definem outra forma de estimativa do custo do capital próprio, em um mundo sem impostos, conforme representado na seguinte expressão:

$$k_e = k_A + \frac{D}{E} \cdot (k_A - k_d) \qquad (8)$$

onde:
- k_e é a rentabilidade esperada do capital próprio;
- k_A é a rentabilidade esperada dos ativos;
- D/E é a proporção entre capital de terceiros e capital próprio;
- k_d é a rentabilidade esperada da dívida.

A grande importância do trabalho de MM é que nos mostra as razões que afetam a política financeira da empresa. A suposição da existência de um mercado perfeito, com neutralidade dos efeitos dos tributos, e o fato de assumir a isenção de taxas de transação e de livre informação facilitam a visualização de outros problemas, mesmo sabendo que esse não é o mundo real. O exemplo 10 mostra uma aplicação da proposição II de MM.

Exemplo 10

A Indústria Arpoador S.A. vem gerando um retorno médio de 12% ao ano para seus ativos. Essa empresa trabalha com 30% de capital de terceiros para o qual paga juros de 10% a.a. Calcule o retorno que poderá ser obtido pelos acionistas da Indústria Arpoador S.A. nessas condições, considerando a alíquota de 32% para o IR.

Se a parcela de capital de terceiros é de 30%, o capital próprio representa 70% do capital total. O retorno do ativo deve atender às duas modalidades de capital e, sendo assim, dos 12% ao ano (k_A) auferidos pelos ativos, a empresa só precisa pagar 10% ao ano de juros brutos aos credores (k_d), sem considerar o benefício fiscal do IR. A diferença de 2% a.a. ponderada pela relação D/E, representa uma "sobra" de rentabilidade que será destinada ao grupo de acionistas (equity), e somada aos 12% já auferidos.

Pela Expressão 8, temos:

$k_e = k_A + D/E \cdot (k_A - k_d) = 12\% + 30/70 \cdot (12\% - 10\%) = 12{,}86\%$ a.a. ◀ $k_e > k_d$

Com o efeito do IR de 32% sobre os juros dos credores, kd passa para 6,8% a.a., temos:

$k_e = 12\% + 30/70 \cdot (12\% - 6{,}8\%) = 14{,}23\%$ a.a. ◀ k_e é maior devido ao benefício fiscal do IR

Suponha agora que a Indústria Arpoardor S.A. pague juros mais elevados que o retorno médio de seus ativos, por exemplo: $k_A = 10\%$ a.a. e $k_d = 12\%$ a.a. Considerando o IR de 32%, kd passa para 8,16% a.a. e o resultado para o acionista seria:

$k_e = 10\% + 30/70 \cdot (10\% - 8{,}16\%) = 13{,}50\%$ a.a. ◀ $k_e > k_d$, devido ao benefício fiscal do IR

Note que a proposição de MM confirma a tese de que $k_e > k_d$, vista anteriormente neste capítulo. MM mostra também que, mesmo a empresa pagando juros superiores ao retorno que obtém de seus ativos, ainda assim o acionista pode obter um retorno ke maior que k_A e k_d, graças ao efeito do benefício fiscal do IR. ◀

Brigham, Gapenski e Ehrhardt (2001) ressaltam que o trabalho de MM, publicado em 1958, assumiu a premissa de zero imposto, mas, em 1963, eles lançaram um segundo artigo que incorporava o imposto de renda sobre as pessoas jurídicas e concluíram que a alavancagem aumenta o valor de uma empresa em virtude da dedução dos juros para fins fiscais.

Esse novo trabalho adapta as duas proposições anteriores para a consideração do imposto de renda, mas a nova versão da proposição II, que alguns autores denominam "proposição III", tem maior destaque na prática, pois preconiza que o custo do capital próprio de uma empresa alavancada corresponde ao custo do capital próprio de uma empresa desalavancada, da mesma classe de risco, acrescido de um prêmio pelo risco, que leva em conta a proporção D/E e o imposto de renda, conforme mostra a expressão 9. Dessa forma, MM sugerem mais uma maneira de estimativa do custo do capital próprio, agora considerando a realidade do imposto de renda.

$$k_e = k_0 + \frac{D}{E}.(1-IR).(k_0 - k_d) \tag{9}$$

onde:
- k_e é a rentabilidade esperada do capital próprio alavancado;
- k_0 é a rentabilidade esperada do custo do capital próprio não alavancado;
- D/E é a proporção entre capital de terceiros e capital próprio;
- IR é a alíquota do imposto de renda;
- k_d é a rentabilidade esperada da dívida.

Podemos notar que a expressão 9 é semelhante à expressão 8 sem a parcela do imposto de renda. O exemplo 11 mostra a estimativa do custo do capital próprio pela aplicação da nova proposição II de MM e faz a comparação com o método de alavancagem do beta, pela expressão 4.

> **Exemplo 11**
>
> A Construtora Tijuca S.A. financia a maioria de seus projetos com capital próprio. O Beta desalavancado das ações da empresa é de 0,86, a sua taxa livre de risco é de 5% a.a. e o retorno esperado do mercado de 10,5% a.a. A Construtora Tijuca S.A. deseja buscar capital de terceiros para um novo projeto, numa proporção financiada da dívida de 40%. O custo esperado da dívida é de 8,5% a.a., antes do IR, cuja alíquota é de 34%. Determine os custos de capital da Construtora Tijuca S.A., ou seja, os custos de capital próprio, com e sem alavancagem, utilizando a proposição II de MM e a alavancagem do Beta.
>
> Pela expressão 3, do CAPM, encontramos o custo do capital próprio não alavancado da empresa:
>
> $k_0 = R_f + \beta \cdot (R_m - R_f) = 5\% + 0,86 \cdot (10,5\% - 5\%) = 9,73\%$ a.a. ◀ k_0
>
> Com base na proposição II de MM, expressão 9, encontramos o custo do capital próprio alavancado:
>
> $k_e = k_0 + D/E \cdot (1 - IR) \cdot (k_0 - k_d) = 9,73\% + 40/60 \cdot (1 - 0,34) \cdot (9,73\% - 8,5\%) = 10,27\%$ a.a. ◀ k_e
>
> Pela fórmula de Hamada, expressão 4, alavancamos o beta e encontramos outro k_e pelo CAPM:
>
> $\beta_L = \beta_U \cdot [1 + (1 - IR) \cdot D/E] = 0,86 \cdot [1 + (1 - 0,30) \cdot 40/60] = 1,26$
>
> $k_e = R_f + \beta \cdot (R_m - R_f) = 5\% + 1,26 \cdot (10,5\% - 5\%) = 11,93\%$ a.a. ◀ k_e
>
> Encontramos duas estimativas para o custo do capital próprio alavancado da Construtora Tijuca S.A., pois utilizamos dois métodos distintos, que comprova a tese da subjetividade comentada anteriormente.

Resumo do capítulo

Neste capítulo, abordamos um tema altamente relevante em finanças, que é o binômio risco *versus* retorno e sua relação com os preços dos ativos dentro da dinâmica do mercado.

O segundo tema discutido foi o custo de capital, quando apresentamos o modelo CAPM, explorando cada um de seus parâmetros, em particular o índice beta, que relaciona o retorno de um ativo com o retorno do mercado. Ainda sobre custo de capital, fizemos um detalhamento do custo de capital próprio e do custo de capital de terceiros, fechando com o custo médio ponderado de capital, que agrega todos os custos em relação às suas participações no custo total, considerando também o efeito da alíquota do imposto de renda nas despesas financeiras referentes ao capital de terceiros.

Por fim, apresentamos uma abordagem resumida da teoria de Modigliani e Miller, cujas premissas permitem, entre outras conclusões, uma forma alternativa de obtenção do custo do capital próprio.

O próximo capítulo tratará da elaboração das estimativas dos fluxos de caixa – do acionista e do projeto.

3
Estimativa dos fluxos de caixa

Este capítulo aborda assuntos muito relevantes na administração empresarial, mais precisamente em orçamento de capital, pois envolve a elaboração de fluxos de caixa de projetos de investimentos, por meio da quantificação monetária dos recursos a serem empregados para as tomadas de decisão dos investidores e acionistas, bem como as regras básicas convencionadas para essa finalidade.

O processo de elaboração das estimativas de fluxos de caixa de projetos de investimentos, ou seja, a definição do tipo de fluxo de caixa livre (*free cash flow*) tem como destaque as elaborações dos fluxos de caixa do acionista e do projeto ou empresa.

Orçamento de capital

O orçamento de capital é um conjunto de dados prospectivos sobre os investimentos nas unidades de negócios e projetos de uma empresa. Como tal, requer estimativas de fluxos de caixa livres, para fins de tomadas de decisão sobre a capacidade de retorno financeiro desses investimentos e possibilidade de geração de riqueza dos acionistas e aumento de valor de mercado da empresa.

Segundo Brigham, Gapenski e Ehrhardt (2001), a estimativa dos fluxos de caixa de projetos é a tarefa mais importante e, ao mesmo tempo, a mais difícil em orçamento de capital, visto que muitas variáveis e pessoas estão envolvidas nesse processo. Como estão sujeitas a erros de previsão bastante significativos, uma vez que têm por base valores futuros, completamente fora de nosso controle, as estimativas dos fluxos de caixa devem ser elaboradas da forma mais realista a acurada possível, baseadas em premissas, tipos de moeda e enfoques previamente estabelecidos, conforme mostrado a seguir.

Fluxos de caixa

Em finanças, a expressão "fluxo de caixa" é utilizada para indicar as entradas e saídas de recursos financeiros de um projeto de investimento, ou mesmo de uma empresa, isto é, o fluxo dos investimentos, receitas, custos, despesas, juros, tributos, entre outros, que poderão ser gerados, tanto em curto prazo quanto nas previsões de longo prazo, em cada período. Esse termo é oriundo da expressão da língua inglesa *cash flow*, ou seja, fluxo de dinheiro, em tradução literal, cujo significado vai ao encontro da definição inicialmente dada.

Um projeto de investimento pode ser analisado pela ótica do agente empreendedor, da sociedade em que ele estará funcionando e interagindo, do agente financiador e da nação como um todo. Neste capítulo, abordaremos a análise de projetos pela ótica privada, ou seja, pelo ponto de vista do agente empreendedor, com a denominação de acionista ou investidor, conforme convencionado no capítulo 1.

O fluxo de caixa de um projeto de investimento é uma ferramenta financeira utilizada para subsidiar a correta tomada de decisão de aportes de capital, por parte dos investidores e acionistas das empresas, decisões essas que incluem os gastos a serem realizados em ativos permanentes, tais como obras civis, máquinas, equipamentos, terrenos, sistemas eletromecânicos, *softwares*, *hardwares*, entre outros. Esses investimentos carecem de análise financeira de modo a garantir que haja um retorno atrativo para sua realização (Kato, 2012).

Dessa forma, o fluxo de caixa pela ótica privada deve ser elaborado com base nos preços dos fatores de produção, levantados no âmbito do mercado. Tais fatores devem ser, obrigatoriamente, quantificados monetariamente e precisam ser alocados no tempo em que sua ocorrência está efetivamente prevista, isto é, no regime de caixa. Sugerimos a leitura do apêndice B para recuperarmos os conceitos dos regimes de competência e de caixa e entendermos a diferença entre ambos.

A seguir, são apresentados os princípios básicos para a elaboração de fluxos de caixa de projetos empresariais, sem entrarmos no mérito das técnicas de previsão e previsão dos mesmos:

- adotemos a convenção de final de período (modo *end*), em que os valores resultantes das entradas e saídas de caixa de um projeto de um período são alocados no final desse mesmo período;
- adotemos a convenção de início de período (modo *begin*) para os investimentos, em contraposição ao caso das receitas e despesas, tal como acontece nas aplicações financeiras;
- adotemos o regime de caixa, ou seja, todos os valores previstos ao longo do tempo ocorrerão efetivamente no momento em que são alocados, pois analisamos os projetos com base no fluxo de dinheiro previsto, no conceito financeiro, e não de lucros, que é um conceito contábil. Por exemplo, a depreciação de ativos sempre deverá ser considerada apenas para efeito do cálculo do imposto de renda e retornar para a composição do resultado líquido de cada período;

- adotemos a ótica *com e sem o projeto* para a elaboração dos fluxos de caixa, denominada "fluxo incremental", de forma que ocorra sempre a comparação entre, pelo menos, duas opções, visto que sempre existirá a opção de nada fazer, ou seja, o *status quo*. Os fluxos incrementais representam as mudanças que ocorrerão no fluxo da empresa em decorrência da decisão de aceitar o projeto, uma vez que precisamos saber a diferença entre os fluxos de caixa previstos com o projeto e os fluxos de caixa que ocorreriam caso a empresa decidisse por não aceitá-lo;
- admitamos que a geração do lucro tributável e o pagamento do respectivo imposto de renda ocorrerão no mesmo período;
- ignoremos os custos passados, também denominados "custos enterrados" ou "irrecuperáveis", em inglês *sunk costs*, haja vista que tais custos já ocorreram no passado e não pertencerão ao fluxo de caixa futuro do projeto em análise, ou seja, esses custos não influenciarão a tomada de decisão de aprovação ou não do projeto;
- consideremos a necessidade de capital de giro (NCG) para operação do projeto sob análise, de forma que as variações do fluxo comercial de curto prazo de cada período tenham suporte financeiro para garantir as ocorrências dos fluxos resultantes de periódicos previstos, sem afetar a viabilidade do projeto como um todo;
- consideremos o valor residual como elemento relevante na elaboração de fluxos de caixa, sempre o alocando no último período do horizonte de estudo;
- consideremos, preferencialmente, a elaboração do fluxo de caixa a preços constantes, ou seja, em moeda constante, com uma data-base definida, como será mostrado adiante. Essa técnica pressupõe que a inflação atuará igualmente sobre as receitas, despesas, custos, tributos e demais elementos

do fluxo de caixa, anulando, portanto, seus efeitos, pois há sempre incerteza a respeito do comportamento futuro da inflação. Existe a opção da elaboração do fluxo de caixa a preços nominais, ou seja, em moeda nominal, conforme será mostrado adiante neste capítulo, apesar de não recomendarmos essa opção;
- definamos o horizonte de estudo do projeto, geralmente em anos, com base no conceito de vida útil de um projeto, ou seja, em função do intervalo de tempo em que se planeja manter realmente o mesmo em operação e até que ponto as estimativas e previsões são "possíveis";
- definamos o tipo de ponto de vista do fluxo de caixa, que pode ser pela ótica do acionista ou pela ótica da empresa. Geralmente, a ótica do acionista tem a preferência dos analistas de projetos, e suas características serão mostradas adiante. A ótica da empresa é mais utilizada nas avaliações de empresa, como teremos a oportunidade de ver no último capítulo deste livro.

Tipos de moeda do fluxo de caixa

Em finanças, podemos adotar dois tipos de moeda na elaboração de fluxos de caixa: a moeda constante e a moeda nominal.

Moeda constante

A moeda constante, também chamada de moeda real, está obrigatoriamente vinculada a uma data-base, ou seja, tem uma referência temporal fixa para que haja sempre a possibilidade de comparação entre valores a qualquer tempo, para fins analíticos. Quando trabalhamos com moeda constante, não estamos desconsiderando a inflação do país; apenas estamos preservando o poder de compra da moeda para efeito comparativo.

Alertamos para que não haja confusão do conceito de moeda real com a denominação da moeda em vigor em nosso país, o real. O conceito de moeda real ou constante serve para qualquer moeda, em qualquer país, independentemente da conjuntura inflacionária em vigor.

No Brasil, muitas pessoas ainda acreditam que o dólar americano é uma moeda constante e pode ser utilizada nos fluxos de caixa para eliminar os efeitos da inflação de nossa economia. Isso não é verdade, pois o dólar americano também sobre os efeitos inflacionários da economia norte-americana e, aqui no Brasil, não pode ser considerado como moeda, mas apenas como uma referência monetária, cujas cotações diárias nada têm a ver com a inflação brasileira, pois suas variações dependem basicamente do mercado de oferta e procura, balança comercial e obrigações e pagamentos internacionais.

Nas análises de projetos e avaliações de empresas, há a necessidade de comparações monetárias em tempos diferentes, durante longo tempo, e sabemos que não podemos comparar dinheiro em tempos diferentes nem podemos comparar moedas diferentes. Por isso, a adoção da moeda constante é bastante adequada para a equivalência entre capitais, pois existe uma data de referência para a manutenção do poder de compra da moeda. Por exemplo, imaginemos que acabamos de comprar um automóvel, hoje, por R$ 50 mil, pretendamos vendê-lo daqui a três anos e gostaríamos de estimar o valor dessa venda futura. É uma tarefa difícil, pois não temos capacidade de prever o futuro e acertar o valor de mercado desse automóvel daqui a três anos nem qual será a variação inflacionária até lá. Todavia, pelo conceito de moeda constante, podemos pesquisar, hoje, o valor de mercado de um automóvel similar ao que acabamos de comprar, com três anos de uso, para, então, estimar seu valor futuro. Suponhamos que esse automóvel usado esteja sendo vendido, hoje, por R$ 25 mil, ou seja, 50% do valor de um veículo novo. Então, em termos de moeda constante, podemos dizer que, daqui a três anos, provavelmente, venderemos o automóvel por R$ 25 mil, à data-base de hoje. Em outras palavras, venderemos o carro por um valor equivalente a R$ 25 mil de hoje, que, daqui a três anos, na moeda da época, poderá ser um valor nominal maior ou menor do que esse. Caso vendamos o automóvel, daqui a três anos, por R$ 28 mil, em moeda da época, não poderemos dizer que conseguimos vender por um valor maior que R$ 25 mil, pois são valores em tempos diferentes, portanto, incomparáveis, em termos financeiros. Nesse caso, para saber se acertamos a previsão feita há três anos, pelo valor estimado de R$ 25 mil, teremos de fazer a equivalência inflacionária por um índice econômico que reflita o mercado de automóveis.

Moeda nominal

A moeda nominal, também chamada de moeda corrente ou base corrente, não está vinculada a uma data de referência fixa e representa a moeda vigente em cada período em que está alocado o capital considerado, ou seja, o poder de compra está referenciado à data em que o fluxo de caixa ocorre. No exemplo do automóvel, mostrado acima, o valor de R$ 28 mil está representado em moeda nominal, ou moeda corrente da época considerada.

A adoção de moeda nominal em fluxos de caixa é uma tarefa mais complexa, pois o analista financeiro precisará prever as inflações anuais de todos os componentes do projeto, para, então, montar seu fluxo de caixa em longo prazo. Podemos imaginar o nível de imprecisão de um fluxo de caixa em moeda nominal em países em desenvolvimento, com históricos recentes de altas inflações, sujeitos a políticas monetárias influenciadas por fatores políticos e com fortes oscilações dos preços de insumos, produtos e serviços. Em países com taxas de inflação historicamente baixas e com estabilidade econômica, talvez essa tarefa seja menos árdua, mas certamente demandará uma boa dose de subjetividade.

Fluxo de caixa real e nominal

O fluxo de caixa real tem seus valores expressos em moeda constante, com data-base definida, e o fluxo de caixa nominal apresenta seus valores em moeda nominal ou moeda corrente. Devemos prestar atenção para não errar na escolha do tipo de taxa de desconto a ser utilizada para o cálculo dos métodos quantitativos para análise de projeto, como o VPL, por exemplo, que deve guardar coerência com o tipo de moeda do fluxo de caixa, conforme mostrado no quadro 1.

Quadro 1
Tipo de moeda e taxa de desconto

Moeda do fluxo de caixa	Taxa de desconto
Constante	Real
Nominal	Nominal

Cabe ressaltar que a taxa de juros de desconto nominal incorpora a inflação média considerada para a definição dos valores nominais do fluxo de caixa nominal com base na seguinte expressão da matemática financeira:

$$(1 + k_{nom}) = (1 + k_{real}) \cdot (1 + \pi) \tag{10}$$

onde:
- k_{nom} representa a taxa de juros nominal;
- k_{real} é a taxa de juros real;
- π é taxa de inflação.

Devemos ter em mente que essas taxas de juros são colocadas na expressão 10 em suas formas unitárias, ou seja, divididas por 100, e não em percentuais.

As taxas de juros nominais são aquelas divulgadas no mercado, por exemplo, no Brasil, as taxas da caderneta de poupança e a Selic. A taxa de juros real é aquela parte fixa de um empréstimo ou aplicação, como no caso da caderneta de poupança, que oferece uma taxa de juros reais de 0,5% ao mês, mais uma parte variável, calculada pela TR, mas é divulgada na forma nominal. No caso da taxa Selic, chamada de taxa básica de juros, que serve de referência para toda a economia, para calcularmos a taxa de juros real de nosso país devemos abater a inflação oficial brasileira, que é definida pelo IPCA, calculado pelo IBGE. O exemplo 12 mostra os cálculos das taxas de juros reais da caderneta de poupança e Selic, a partir das informações divulgadas oficialmente.

Exemplo 12

O rendimento prometido pela caderneta de poupança para 1/12/2016, segundo o Bacen, para depósitos realizados em 1/11/2016, é de 0,6435%. Em novembro/2016, a Selic encontra-se fixada em 14% a.a., pelo Copom/Bacen. Com base nessas informações oficiais, calcule as seguintes taxas de juros:
a) a taxa de juros real de referência da economia brasileira, considerando a taxa de inflação de 7,87% a.a., calculada pelo IPCA/IBGE;
b) a taxa de referência – TR, utilizada para a determinação do rendimento da caderneta de poupança;
Pela expressão 10, podemos calcular as taxas de juros solicitadas acima: $(1 + k_{nom}) = (1 + k_{real}) \cdot (1 + \pi)$
a) como a Selic é uma taxa nominal (k_{nom}) e o IPCA é a taxa de inflação (π), temos:
$k_{real} = (1 + k_{nom}) / (1 + \pi) - 1 = (1 + 0,14) / (1 + 0,787) - 1 = 0,0568 \rightarrow 5,68\%$ a.a. ◄ taxa Selic, em termos reais
b) como a taxa da poupança é nominal (k_{nom}) e os juros reais da poupança (k_{real}) são de 0,5%, temos:
$\pi = (1 + k_{nom}) / (1 + k_{real}) - 1 = (1 + 0,006435) / (1 + 0,005) - 1 = 0,001428 \rightarrow 0,1428\%$. ◄ TR

O exemplo 13 mostra o caso em que os fluxos reais e nominais se equivalem. Isso ocorre quando a taxa de inflação utilizada no fluxo nominal é a mesma para todos os elementos do projeto e repete-se para todos os anos, além de ser a mesma para a definição da taxa de desconto, com utilização da expressão 10, para o cálculo do VPL. Nesse caso, os VPL de ambos os fluxos, calculados pela expressão 1, serão sempre iguais, como mostra o exemplo 13.

Exemplo 13

O fluxo de caixa do projeto Santiago, mostrado no exemplo 5, foi elaborado em moeda constante, em reais de setembro de 2016, época de sua elaboração. Transforme o fluxo do projeto Santiago em moeda nominal, considerando uma taxa de inflação de 5% ao ano e uma TMA de 8% a.a.

Primeiramente, devemos elaborar o fluxo de caixa em moeda nominal, inflacionando o fluxo de caixa em moeda constante, utilizando a taxa de inflação de 5% a.a. (π).

Ano	Fluxos de caixa	
	Moeda constante R$ (set/2016)	Moeda nominal R$ (correntes)
0	-1.000.000,00	-1.000.000,00
1	200.000,00	210.000,00
2	200.000,00	220.500,00
3	200.000,00	231.525,00
4	400.000,00	486.202,50
5	500.000,00	638.140,78

Como o fluxo de caixa original do exemplo 5 está em moeda constante, a TMA de 8% a.a. é uma taxa de juros real e será utilizada para o cálculo do VPL. Pela expressão 10, achamos a TMA nominal para ser utilizada para o cálculo do VPL do fluxo de caixa em moeda nominal:

$(1 + k_{nom}) = (1 + k_{real}) \cdot (1 + \pi) \rightarrow k = (1+0,08) \cdot (1+0,05) - 1 = 0,1340 \rightarrow k = 13,40\%$ a.a.
◄ TMA nominal

Com utilização da expressão 1, calculamos os VPL de ambos os fluxos, com suas respectivas TMA:

$VPL = VP_{do\ ativo} = \Sigma\ FC_t / (1+k)^t$

$VPL_{moeda\ constante} = -1.000.000,00 + 200.000,00 / (1,08)^1 + 200.000,00 / (1,08)^2 +$
$+ 200.000,00 / (1,08)^3 + 400.000,00 / (1,08)^4 + 500.000,00 / (1,08)^5 = 149.722,94$ ◄

$VPL_{moeda\ nominal} = -1.000.000,00 + 210.000,00 / (1,134)^1 + 220.500,00 / (1,134)^2 +$
$+ 231.525,00 / (1,134)^3 + 486.202,50 / (1,134)^4 + 638.140,78 / (1,134)^5 = 149.722,94$ ◄

Chamamos a atenção para o fato de que, ao olharmos um fluxo de caixa qualquer, não temos como distinguir se ele é real ou nominal, a não ser que isso esteja expressamente mencionado.

Devemos sempre especificar o tipo do fluxo de caixa, pois, tanto o nominal quanto o real são expressos em reais (R$), ou em qualquer outra moeda. No caso do fluxo de caixa real, existe a necessidade de fixação da data-base da moeda adotada, ou seja, a data de referência dos preços estimados.

Para fixarmos bem esse conceito, precisamos entender que fluxos de caixa nominais somente podem ser descontados por taxas de juros nominais e fluxos de caixa constantes somente podem ser descontados por taxas de juros reais.

Existem, basicamente, três motivos para a utilização de fluxos de caixa em moeda constante. O primeiro é uma questão de conveniência, pois se perguntarmos a uma pessoa quanto ela gostaria de receber na aposentadoria, que ocorrerá dentro de 30 anos, é mais fácil ela responder uma quantia com base no poder de compra de hoje. Para essa pessoa responder o valor desejado daqui a 30 anos, em moeda nominal, ela teria de inflacionar tal valor durante esses 30 anos, sendo obrigada a estimar a inflação que ocorreria nesse período e todas as eventuais mudanças monetárias. Logicamente, é muito mais prático a pessoa dizer que desejaria, por exemplo, receber o correspondente a R$ 5 mil por mês, referindo-se ao poder de compra atual desse valor. Isso acontece da mesma forma com fluxos de caixa de projetos de investimento e avaliação de empresas.

O segundo motivo refere-se à qualidade de informação gerencial, pois o fluxo de caixa constante expressa o verdadeiro poder de compra da moeda e, portanto, dá uma ideia mais correta da situação da empresa para o administrador. Os números nominais dão, muitas vezes, uma falsa ideia de que a empresa está ganhando mais, quando pode, inclusive, estar perdendo poder de compra.

O terceiro e último motivo é que os fluxos de caixa constantes permitem a eliminação do hábito que algumas empresas têm de utilizar fluxos de caixa em moedas ditas fortes, como o dólar americano, para eliminar o efeito da inflação. Tratamos essa prática como um péssimo hábito, haja vista que mesmo a mais forte das moedas sofre também inflação, sem mencionar o problema da variação cambial.

Portanto, nas análises de projetos de investimento e avaliações de empresas, recomendamos a utilização dos fluxos de caixa reais, ou seja, em moeda constante, visto que a elaboração de fluxos de caixa nominais é bastante difícil em termos de previsão das inflações e moedas futuras, ainda mais no Brasil, que, nas últimas décadas, apresentou várias trocas de moeda, cortes de zeros e choques econômicos. Os fluxos em moeda constante produzem um VPL consistente em termos de valor justo da riqueza a ser gerada para o projeto ou empresa na data-base indicada, ou seja, em termos reais, sem a influência enganosa da inflação.

O BNDES, por exemplo, recomenda expressamente essa prática em seu manual para elaboração de projetos. Além disso, o fluxo de caixa em moeda constante é adotado na maioria das avaliações de projetos de grande porte realizadas por empresas nacionais e multinacionais e por bancos de fomento, como o Banco Mundial e o BID.

Lucro real e lucro presumido

Para a elaboração dos dois tipos de óticas de fluxos de caixa, do acionista e da empresa, que serão mostrados adiante, precisamos, antes, considerar os importantes tributos sobre a renda, mais precisamente o imposto de renda das pessoas jurídicas (IRPJ) e a contribuição social sobre o lucro líquido (CSLL), e a forma como esses tributos são calculados, ou seja, pelo lucro real ou pelo lucro presumido.

A forma mais comum de cálculo da tributação do IRPJ e CSLL nos fluxos de caixa, apresentada na literatura, tem por base o lucro real, por ser obrigatório para empresas de grande porte, com faturamento anual superior a R$ 78 milhões, segundo a legislação brasileira em vigor. Abaixo desse limite, as empresas podem optar entre o lucro real e o lucro presumido.

O regime tributário do lucro real tem como base de cálculo o lucro líquido da empresa, no período de apuração, considerando as compensações permitidas pela lei, como as amortizações de ativos e despesas financeiras.

O lucro presumido é uma forma de tributação mais simples para apuração da base de cálculo do IRPJ e CSLL das empresas não obrigadas à apuração pelo lucro real. No regime de tributação do lucro presumido, a base de cálculo para apuração IRPJ e CSLL é pré-fixada pela legislação sobre a receita bruta da empresa, com uma alíquota de presunção variável conforme a atividade econômica, conforme mostrado no quadro 2. As alíquotas de presunção são aplicadas sobre a receita bruta da empresa, para definir as bases de cálculo do IRPJ e CSLL, conforme ilustrado no exemplo 14.

A escolha entre lucro real e lucro presumido deve apontar para a situação de menor somatório dos tributos a serem desembolsados pela empresa, a saber: PIS, Cofins, IRPJ e CSLL.

Quadro 2
Alíquotas para IRPJ e CSLL – regime tributário do lucro presumido

Atividade da empresa	IRPJ		CSLL	
	Alíquota de presunção	Alíquota do IRPJ	Alíquota de presunção	Alíquota da CSLL
Vendas	8%	15%	12%	9%
Serviços	32%	15%	32%	9%

Exemplo 14

Comparativo entre o lucro real e o lucro presumido para a Atlântica Hotéis e Pousadas Ltda. No caso do lucro presumido, a alíquota de presunção do LAIR foi retirada do quadro 2.

Item	Lucro real		Lucro presumido	
	%	R$	%	R$
Receita bruta		12.000.000,00		12.000.000,00
ISS	5,00	-600.000,00	5,00	-600.000,00
PIS	1,65	-198.000,00	0,65	-78.000,00
COFINS	7,60	-912.000,00	3,00	-360.000,00
Receita líquida		10.290.000,00		10.962.000,00
Custos fixos e variáveis		-3.750.000,00		-3.750.000,00
Despesas administrativas		-1.120.000,00		-1.120.000,00
Depreciação		-4.800.000,00		-4.800.000,00
LAIR*		620.000,00	32,00	3.840.000,00
IRPJ	15,00	-93.000,00	15,00	-576.000,00
Adicional IRPJ acima de R$ 240 mil	10,00	-38.000,00	10,00	-360.000,00
CSLL	9,00	-55.800,00	9,00	-345.600,00
Lucro líquido		433.200,00		370.400,00
Total de tributos (ISS, PIS, COFINS, IRPJ e CSLL)	15,81	1.896.800,00	19,33	2.319.600,00
Geração de caixa		5.233.200,00		5.170.400,00

* LAIR = lucro antes do IRPJ e CSLL (no caso do lucro real) e lucro presumido para o cálculo do IRPJ e CSLL. Em ambos os casos, esses valores são base tributária para o cálculo do IRPJ e CSLL.

A seguir, mostraremos os fluxos de caixa do acionista e da empresa com as duas formas de tributação do IRPJ e CSLL, lucro real e lucro presumido.

Fluxo de caixa livre do acionista

O fluxo de caixa pela ótica do investidor é aquele resultante após o pagamento dos custos e despesas operacionais, tributos, juros e principais, e de qualquer desembolso de capital necessário à manutenção da taxa de crescimento dos fluxos de caixa previstos em cada período considerado. Esse tipo fluxo de caixa é conhecido como o fluxo de caixa livre do acionista (FCLA), em inglês, *free cash flow to equity* (FCFE).

O FCLA tem sua estrutura de capital definida, que pode ser de 100% de capital próprio, não alavancado, ou ter a participação de capital de terceiros, ou seja, alavancado. Uma característica marcante do FCLA é a presença do capital próprio como valor líquido resultante, ou seja, surgindo apenas como valor resultante da diferença entre o investimento e o financiamento. Em decorrência dessa característica, para o cálculo dos métodos quantitativos, como veremos no capítulo 4, o FCLA deve sempre ser descontado pela taxa de juros exigida para o capital próprio, ou seja, a TMA, que pode assumir a denominação k_0 ou k_e, dependendo da estrutura de capital do projeto, conforme mostrado no capítulo 2.

A razão pela qual o FCLA deve ser descontado pela TMA (k_0 ou k_e) decorre do fato de que esse tipo fluxo prevê os desembolsos previstos de todos os compromissos do projeto, inclusive os pagamentos do capital de terceiros, e os fluxos resultantes em cada período servirão para restituir os investimentos, remunerá-los à taxa de retorno exigida, a TMA, e gerar a riqueza do projeto para a empresa. Por isso, somente faz sentido descontar esse fluxo resultante pela taxa de juros exigida para remunerar o capital próprio investido, ou seja, a TMA.

Antes de continuarmos a leitura deste capítulo, recomendamos uma visita ao apêndice B para recordarmos os conceitos contábeis dos demonstrativos financeiros básicos, ou seja, balanço patrimonial, demonstração de resultados e demonstrativo dos fluxos de caixa, e, então, entendermos as diferenças conceituais desses demonstrativos contábeis para os fluxos de caixa utilizados no mundo das finanças.

Os quadros 3 e 4 apresentam modelos genéricos de FCLA, respectivamente, pelos regimes tributários do lucro real e lucro presumido.

Quadro 3
Modelo genérico do FCLA – regime tributário do lucro real

Discriminação	Ano 0	Ano 1	Ano 2	......	Ano n
Receitas brutas					
(-) Tributos sobre as receitas[1]					
(=) Receitas líquidas					
(-) Custos fixos e variáveis					
(-) Despesas diversas					
(=) LAJIDA (lucro antes dos juros, IR, depreciação e amortização)[2]					
(-) Depreciações e amortizações[3]					
(=) LAJIR (lucro antes dos juros e IR)[4]					
(-) Despesas financeiras (juros)					
(=) LAIR (lucro antes do IR)[5]					
(-) Imposto de renda e CSSL					
(=) Lucro líquido após IR					
(+) Depreciações e amortizações[6]					
(-) Investimentos em ativos fixos					
(-) Investimentos em capital de giro (ΔNCG)					
(+) Financiamento de recursos de terceiros					
(-) Amortizações dos empréstimos					
(+) Valor residual[7]					
(=) Fluxo de caixa livre dos acionistas (FCLA)					

[1] Tributos incidentes diretamente sobre as receitas, tais como ISS, PIS, COFINS etc.
[2] *Earnings before interest, taxes, depreciation and amortization* (EBITDA).
[3] As depreciações e amortizações são despesas contábeis que representam as perdas de valor de ativos ao longo do tempo, sendo que as depreciações atuam sobre os ativos tangíveis, como máquinas, equipamentos, veículos, imóveis etc., e as amortizações agem sobre os ativos intangíveis, como marcas e patentes.
[4] *Earnings before interest and taxes* (EBIT).
[5] *Earnings before taxes* (EBT): base tributária para aplicação do IR/CSLL.
[6] As depreciações e amortizações são reincorporadas ao fluxo de caixa porque não representam saídas de caixa efetivas, pois são registros contábeis e servem apenas a determinação da base tributável (LAIR), já que podem ser consideradas como benefícios fiscais e tributários.
[7] O valor residual dos ativos de um projeto é o preço de mercado estimado para a data terminal definida.

Quadro 4
Modelo genérico do FCLA – regime tributário do lucro presumido

Discriminação	Ano 0	Ano 1	Ano 2	......	Ano n
Receitas brutas					
(-) Tributos sobre as receitas[1]					
(=) Receitas líquidas					
(-) Custos fixos e variáveis					
(-) Despesas diversas					
(-) Despesas financeiras (juros)					
(=) Lucro presumido para base do IRPJ e CSLL					
(-) IRPJ					
(-) CSSL					
(=) Lucro líquido					
(-) Investimentos em ativos fixos					
(-) Investimentos em capital de giro (ΔNCG)					
(+) Financiamento de recursos de terceiros					
(-) Amortizações dos empréstimos					
(+) Valor residual[2]					
(=) Fluxo de caixa livre dos acionistas (FCLA)					

[1] Tributos incidentes diretamente sobre as receitas, tais como ISS, PIS, COFINS etc.
[2] O valor residual dos ativos de um projeto é o preço de mercado estimado para a data terminal definida.

Em outras palavras, o FCLA deve ser entendido como o fluxo de caixa líquido estimado para atender aos interesses dos acionistas, inclusive para distribuição de dividendos, após os pagamentos das dívidas com terceiros e captações de empréstimos. Além disso, devemos lembrar que o FCLA pode ser elaborado em moeda constante ou em moeda nominal, e pelos regimes tributários do lucro real e lucro presumido, como mostrado anteriormente. Os exemplos 15 e 16 mostram aplicações práticas numéricas.

Exemplo 15

Elabore o fluxo de caixa livre do projeto Tabajara, sob o ponto de vista de seus investidores, a partir dos seguintes dados, em moeda de setembro de 2016: investimento inicial de R$ 50 milhões; financiamento de 60% do investimento, em cinco anos, pelo SAC, à taxa de 10% ao ano; receitas estimadas em R$ 35 milhões, para o primeiro ano, com crescimento de 5% ao ano; tributos de 12% sobre as receitas; custos variáveis de R$ 5 milhões, para o primeiro ano, com crescimento de 3% ao ano; custos fixos de R$ 2,5 milhões/ano; despesas diversas de R$ 1,5 milhão; alíquota do IR de 30%; depreciação anual dos ativos de R$ 8 milhões/ano, durante os cinco anos do projeto; e valor residual de R$ 15 milhões, no ano 5. Considere o regime tributário do lucro real.

Moeda: R$. 10^6 (setembro/2016)

Discriminação	Ano 0	Ano 1	Ano 2	Ano 3	Ano 4	Ano 5
Receitas brutas		35,00	36,75	38,59	40,52	42,54
(-) Tributos		-4,20	-4,41	-4,63	-4,86	-5,11
(=) Receitas líquidas		30,80	32,34	33,96	35,65	37,44
(-) Custos fixos		-2,50	-2,50	-2,50	-2,50	-2,50
(-) Custos variáveis		-5,00	-5,15	-5,30	-5,46	-5,63
(-) Despesas diversas		-1,50	-1,50	-1,50	-1,50	-1,50
(=) LAJIDA		21,80	23,19	24,65	26,19	27,81
(-) Depreciações		-8,00	-8,00	-8,00	-8,00	-8,00
(=) LAJIR		13,80	15,19	16,65	18,19	19,81
(-) Despesas financeiras		-3,00	-2,40	-1,80	-1,20	-0,60
(=) LAIR		10,80	12,79	14,85	16,99	19,21
(-/+) IR / CSSL		-3,24	-3,84	-4,46	-5,10	-5,76
(=) Lucro líquido		7,56	8,95	10,40	11,89	13,45
(+) Depreciações		8,00	8,00	8,00	8,00	8,00
(-) Investimentos	-50,00					
(+) Empréstimo	30,00					
(+) Amortizações		-6,00	-6,00	-6,00	-6,00	-6,00
(+) Valor residual						15,00
(=) FCLA	-20,00	9,56	10,95	12,40	13,89	30,45

Exemplo 16

Elabore o fluxo de caixa livre do projeto Tabajara, do exemplo 15, sob o ponto de vista de seus investidores, agora considerando o regime tributário pelo lucro presumido, com alíquota de presunção de 32%.

Moeda: R$. 10^6 (setembro/2016)

Discriminação	Ano 0	Ano 1	Ano 2	Ano 3	Ano 4	Ano 5
Receitas brutas		35,00	36,75	38,59	40,52	42,54
(-) Tributos		-4,20	-4,41	-4,63	-4,86	-5,11
(=) Receitas líquidas		30,80	32,34	33,96	35,65	37,44
(-) Custos fixos		-2,50	-2,50	-2,50	-2,50	-2,50
(-) Custos variáveis		-5,00	-5,15	-5,30	-5,46	-5,63
(-) Despesas diversas		-1,50	-1,50	-1,50	-1,50	-1,50
(-) Despesas financeiras		-3,00	-2,40	-1,80	-1,20	-0,60
(=) Lucro presumido		11,20	11,76	12,35	12,97	13,61
(-) IRPJ		-1,68	-1,76	-1,85	-1,94	-2,04
(-) Adicional IRPJ		-1,10	-1,15	-1,21	-1,27	-1,34
(-) CSSL		-1,01	-1,06	-1,11	-1,17	-1,23
(=) Lucro líquido		15,02	16,82	18,68	20,61	22,61
(-) Investimentos	-50,00					
(+) Empréstimo	30,00					
(+) Amortizações		-6,00	-6,00	-6,00	-6,00	-6,00
(+) Valor residual						15,00
(=) FCLA	-20,00	9,02	10,82	12,68	14,61	31,61

Fluxo de caixa livre da empresa

O fluxo de caixa pela ótica da empresa, ou de um projeto como um todo, é aquele cujo resultado anual pode ser fornecido continuadamente aos seus provedores de capital, ou seja, acionistas e credores. Esse tipo fluxo de caixa é conhecido como o fluxo de caixa livre da empresa (FCLE), em inglês, *free cash flow to firm* (FCFF) e visa conhecer a potencialidade operacional da empresa, ou de um projeto, sem alavancagem financeira alguma, isto é, independentemente da forma como será financiado – por capital próprio ou de terceiros.

O conceito do FCLE será bastante utilizado no capítulo 5, que tratará da avaliação de empresas.

O FCLE é sempre desalavancado, pois deve representar os resultados operacionais líquidos que a empresa poderá gerar antes da devolução dos investimentos aportados, independentemente das fontes de financiamento.

Portanto, a taxa de desconto para o cálculo dos métodos quantitativos do capítulo 4 é a combinação dos custos de ambas as fontes de recursos – próprio e de terceiros –, ou seja, o CMPC, cuja composição foi mostrada no capítulo 2.

A razão pela qual o FCLE deve ser descontado pelo CMPC decorre do fato de que esse tipo de fluxo prevê os desembolsos previstos de todos os compromissos operacionais do projeto, e os fluxos resultantes em cada período, que já contemplam o abatimento dos investimentos, servirão para remunerar os provedores de capital – próprio e de terceiro – e gerar a riqueza para a empresa. Por isso, somente faz sentido descontar esse fluxo resultante pela taxa de juros que representa o custo médio dos capitais que financiarão as atividades da empresa, ou seja, o CMPC.

Os quadros 5 e 6 apresentam modelos genéricos de FCLE, respectivamente pelo regime tributário do lucro real e lucro presumido.

Para reforçar o conceito do FCLE, Costa, Costa e Alvim (2010) definem esse tipo de fluxo de caixa como aquele que está disponível para pagar os direitos de seus credores e acionistas, desconsiderando quaisquer fluxos referentes aos juros e amortizações de principal e tendo como referência apenas a diferença entre as entradas e saídas de caixa relacionadas às operações da empresa.

Damodaran (2009) define o FCLE como a soma dos fluxos de caixa para os detentores de direitos na empresa, incluindo todos aqueles que possuem cotas, ações e bônus, e mostra que esse tipo de fluxo é anterior ao pagamento de dívidas, sendo, frequentemente, apontado como um fluxo de caixa não alavancado.

ESTIMATIVA DOS FLUXOS DE CAIXA

Quadro 5
Modelo genérico de FCLE – regime tributário do lucro real

Discriminação	Ano 0	Ano 1	Ano 2	......	Ano n
Receitas brutas					
(-) Tributos sobre as receitas					
(=) Receitas líquidas					
(-) Custos fixos e variáveis					
(-) Despesas diversas					
(=) LAJIDA (lucro antes dos juros, IR, depreciação e amortização)					
(-) Depreciações e amortizações					
(=) LAJIR (lucro antes do IR)					
(-) Imposto de renda e CSSL					
(=) Lucro líquido após IR					
(+) Depreciações e amortizações					
(-) Investimentos em ativos fixos					
(-) Investimentos em capital de giro (ΔNCG)					
(+) Valor residual[1]					
(=) Fluxo de caixa livre da empresa (FCLE)					

[1] Nos fluxos de caixa de empresas em continuidade, o valor residual é também chamado de valor terminal ou valor da perpetuidade e sua alocação ocorre da mesma forma que no FCLA, ou seja, no último período, mas o conceito é diferente. No FCLE, o valor residual é o valor presente da perpetuidade prevista após o período de projeção, ou seja, do período "n+1" em diante, considerando uma expectativa de crescimento da empresa para esses anos futuros. Esse conceito será visto detalhadamente no capítulo 5.

Quadro 6
Modelo genérico do FCLE – regime tributário do lucro real

Discriminação	Ano 0	Ano 1	Ano 2	......	Ano n
Receitas brutas					
(-) Tributos sobre as receitas					
(=) Receitas líquidas					
(-) Custos fixos e variáveis					
(-) Despesas diversas					
(=) Lucro presumido para base do IRPJ e CSLL					
(-) IRPJ					
(-) CSSL					
(=) Lucro líquido					
(-) Investimentos em ativos fixos					
(-) Investimentos em capital de giro (ΔNCG)					
(+) Valor residual[1]					
(=) Fluxo de caixa livre da empresa (FCLE)					

[1] Nos fluxos de caixa de empresas em continuidade, o valor residual é também chamado de valor terminal ou valor da perpetuidade e sua alocação ocorre da mesma forma que no FCLA, ou seja, no último período, mas o conceito é diferente. No FCLE, o valor residual é o valor presente da perpetuidade prevista após o período de projeção, ou seja, do período "n+1" em diante, considerando uma expectativa de crescimento da empresa para esses anos futuros. Esse conceito será visto detalhadamente no capítulo 5.

Assim como alertamos para o FCLA, o FCLE também pode ser elaborado em moeda constante ou em moeda nominal, e pelos regimes tributários de lucro real e lucro presumido, como mostrado. Os exemplos 17 e 18 ilustram aplicações práticas numéricas.

Exemplo 17

A Metalúrgica Imperial S.A. precisa conhecer o seu valor para analisar uma proposta recebida por um importante grupo de investidores internacionais. Para isso, seus analistas financeiros elaboraram o fluxo de caixa da empresa, em moeda de setembro de 2016, para um horizonte de projeção de cinco anos, considerando o regime tributário do lucro real.

Moeda: R$. 10^6 (setembro/2016)

Discriminação	Ano 0	Ano 1	Ano 2	Ano 3	Ano 4	Ano 5
Receitas líquidas		155,0	158,9	162,8	166,9	171,1
(-) CPV		-95,0	-105,0	-110,0	-116,0	-126,0
(=) Lajida		60,0	53,9	52,8	50,9	45,1
(-) Depreciações		-5,0	-5,2	-5,5	-5,7	-6,0
(=) Lair		55,0	48,7	47,3	45,2	39,1
(-/+) IR / CSSL		-16,5	-14,6	-14,2	-13,6	-11,7
(=) Lucro líquido		38,5	34,1	33,1	31,7	27,4
(+) Depreciações		5,0	5,2	5,5	5,7	6,0
(-) Investimentos		-4,5	-4,5	-5,0	-5,2	-5,5
(-) Capital de giro		-2,0	-1,8	-1,5	-1,5	-1,8
(+) Valor residual						80,6
(=) FCLE		37,0	33,0	32,1	30,7	106,7

Exemplo 18

Os analistas financeiros também fizeram o fluxo de caixa da Metalúrgica Imperial S.A., do exemplo 17, considerando o regime tributário pelo lucro presumido, com alíquota de presunção de 32%.

Moeda: R$. 10^6 (setembro/2016)

Discriminação	Ano 0	Ano 1	Ano 2	Ano 3	Ano 4	Ano 5
Receitas líquidas		155,0	158,9	162,8	166,9	171,1
(-) CPV		-95,0	-105,0	-110,0	-116,0	-126,0
(=) Lucro presumido		49,6	50,8	52,1	53,4	54,7
(-) IRPJ		-7,4	-7,6	-7,8	-8,0	-8,2
(-) Adicional IRPJ		-4,9	-5,1	-5,2	-5,3	-5,5
(-) CSSL		-4,5	-4,6	-4,7	-4,8	-4,9
(=) Lucro líquido		43,2	36,6	35,2	32,8	26,5
(-) Investimentos		-4,5	-4,5	-5,0	-5,2	-5,5
(-) Capital de giro		-2,0	-1,8	-1,5	-1,5	-1,8
(+) Valor residual						80,6
(=) FCLE		32,2	25,7	24,0	21,3	94,9

Previsão dos resultados dos fluxos de caixa

O objetivo de toda análise de projeto de investimento é subsidiar o gestor empresarial para a melhor tomada de decisão, de modo que haja possibilidade de geração de riqueza para a empresa e criação de valor para os acionistas ou proprietários. A previsão dos resultados futuros do fluxo de caixa do projeto em análise é fundamental para a indicação de viabilidade do investimento em estudo.

A maioria dos textos de finanças chama de "projeção" a técnica de antevisão dos resultados de um fluxo de caixa, quando, na verdade, devemos sempre denominar essa ação "previsão do fluxo de caixa do projeto", uma vez que os resultados do projeto acontecerão em períodos futuros e sabemos que o futuro é desconhecido, arriscado e incerto. Por isso, entendemos que o termo correto seja "previsão de resultados dos fluxos de caixa", pois precisamos sempre prognosticar os resultados futuros dos projetos.

O termo "previsão" vem do latim *praevisĭo* e está ligado ao efeito de prever, ver com antecipação ou conjecturar o futuro por meio da inferência indícios, tendências ou sinais. Já o termo "projeção" tem relação com o termo latim *prognosis*, que significa previsão ou prognóstico, mas preferimos não considerar esse termo como sinônimo de previsão, porque entendemos que quando projetamos algo, como vendas, receitas ou custos, por exemplo, estamos realmente predizendo um comportamento futuro, mas extrapolando um comportamento passado, ou seja, estamos usando uma tendência histórica para prevermos o amanhã, por meio de técnicas estatísticas, como regressões simples ou múltiplas. Dessa forma, entendemos que projeção é uma técnica de previsão que examina os resultados passados, avaliando seu comportamento, padrão e tendência de evolução, para, assim, extrapolarmos o futuro. Como dissemos, os acontecimentos passados não necessariamente se repetem no futuro, ou seja, as séries históricas de dados servem para mostrar o comportamento desses dados e para subsidiar os cálculos de tendências estatísticas futuras.

Então, a previsão de resultados dos fluxos de caixa é uma forma ampla, definitiva e específica de declararmos eventos futuros, tais como, quantidades a serem vendidas, receitas de vendas, custos e despesas, entre outras variáveis. Geralmente, para "prevermos" os elementos do fluxo de caixa de um projeto, devemos lançar mão das tendências históricas e informações do passado da empresa, quando houver, isto é, projeções, juntamente com técnicas de criação de cenários futuros e de extração de conhecimento e percepção dos especialistas, bem como pesquisas de opinião e de campo, no âmbito setorial ou da economia como um todo. Por exemplo, a previsão da demanda de um projeto empresarial pode ser feita por métodos quantitativos e qualitativos. Os métodos quantitativos mais conhecidos são: análise temporal, análise de regressão, modelos econométricos e matrizes de entrada/saída. Os métodos qualitativos mais importantes são: técnica Delphi, analogia histórica, painel de especialistas e elaboração de cenários.

As previsões dos elementos de um fluxo de caixa podem ser de curto e longo prazos. Em finanças, existe uma convenção de que o curto prazo cobre o período de até um ano e o longo prazo abrange os períodos superiores a um ano. Em termos de análise de projetos de investimento, as previsões são de longo prazo, porque os projetos têm prazos de implantação e de maturação bem superiores a um ano.

Eventualmente, há casos em que estão disponíveis informações precisas e objetivas sobre faturamentos, custos e despesas futuras, que permitem "calcular" os próximos fluxos de caixa, com alto grau de certeza. Essas informações podem ser contratos assinados, compromissos que representem intenção de negociação, encomendas realizadas ou outras semelhantes. Nesse caso, as previsões deverão ser feitas integralmente com base em tais informações. Caso não haja esse tipo de informação, como ocorre na maioria dos casos, devemos utilizar os dados passados para realizarmos uma boa previsão de resultados futuros, estudando sua evolução com base nesse passado, por meio de modelos estatísticos de regressão, e na experiência dos especialistas.

No caso mais desfavorável da inexistência de quaisquer informações sobre os negócios futuros e de dados passados, podemos lançar mão de dados disponíveis de outras empresas semelhantes, que atuam na mesma área, para as estimativas futuras.

Em muitos casos, o fluxo de caixa é fortemente correlacionado com algum índice ou parâmetro externo à empresa, como a evolução do PIB do país, ou os preços de uma determinada *commodity* no mercado nacional ou internacional, ou, ainda, com o tamanho da fatia de mercado (*market share*).

As previsões serão tão mais refinadas quanto maior a quantidade e qualidade das informações obtidas. No caso da previsão de resultados de uma empresa nova, sem concorrência, com produto inovador, sem nenhum parâmetro de comparação nem dados passados para apoio, a elaboração do fluxo de caixa será, obviamente, bem mais complicada.

Devido às incertezas inerentes às previsões, é comum a incorporação, na análise, de modelos de simulação de cenários para auxiliar na visualização das possibilidades de variações dos resultados calculados. Isso permite a atribuição de probabilidades de ocorrência a cada cenário. Um dos modelos mais utilizados é o método Monte Carlo, em que há distribuição de probabilidades de cenários possíveis, como preços mínimo e máximo de venda estimados para cada produto, variações na fatia de mercado, alíquotas de impostos e diversos outros.

Costa, Costa e Alvim (2010) afirmam que as previsões são praticamente inevitáveis em finanças, e todas as tomadas de decisão empresariais têm por base algum tipo de previsão. Esses autores dizem que existem muitos métodos informatizados de previsão disponíveis, e isso implica em maior rigor das empresas quanto aos resultados das previsões, sendo fundamental a obtenção de informações mais detalhadas dos projetos e empresas, principalmente, sobre os planos de investimentos e financiamentos, estrutura de custos e estratégias corporativas.

Em resumo, toda previsão de resultados de um fluxo de caixa deve levar em conta o histórico de vendas, receitas, custos e despesas da empresa (quando houver), a capacidade, tamanho e sazonalidade do mercado, a capacidade de produção e quaisquer outros fatores relevantes. Uma "boa" previsão de resultados de um fluxo de caixa sempre dependerá da boa qualidade da interpretação das informações obtidas, das premissas estabelecidas e do bom senso do analista, pois o futuro é incerto e não podemos cair na armadilha do sobredimensionamento das receitas e subdimensionamento dos investimentos, custos e despesas. O quadro 7 apresenta um panorama dos principais passos para a previsão dos resultados de um fluxo de caixa de um projeto ou empresa.

Quadro 7
Panorama geral para a previsão de um fluxo de caixa

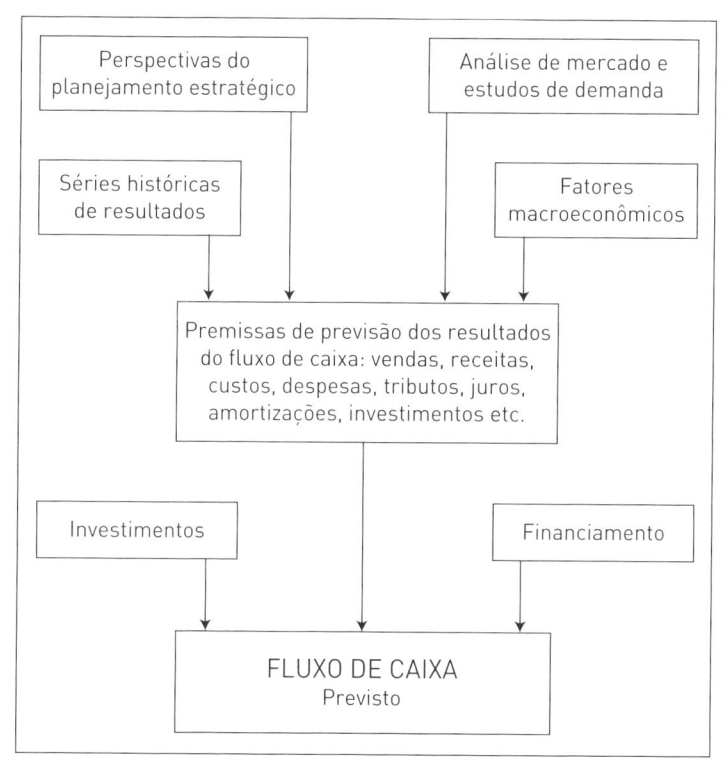

```
┌──────────────────────────┐      ┌──────────────────────────┐
│   Perspectivas do        │      │  Análise de mercado e    │
│ planejamento estratégico │      │    estudos de demanda    │
└──────────────────────────┘      └──────────────────────────┘

┌──────────────────────┐              ┌──────────────────────┐
│  Séries históricas   │              │      Fatores         │
│    de resultados     │              │   macroeconômicos    │
└──────────────────────┘              └──────────────────────┘

        ┌─────────────────────────────────────────────┐
        │   Premissas de previsão dos resultados      │
        │   do fluxo de caixa: vendas, receitas,      │
        │   custos, despesas, tributos, juros,        │
        │   amortizações, investimentos etc.          │
        └─────────────────────────────────────────────┘

┌──────────────────┐                      ┌──────────────────┐
│  Investimentos   │                      │   Financiamento  │
└──────────────────┘                      └──────────────────┘

               ┌──────────────────────────────┐
               │      FLUXO DE CAIXA          │
               │         Previsto             │
               └──────────────────────────────┘
```

O exemplo 19 apresenta um caso simples da previsão das receitas de venda para a elaboração de um pequeno negócio de carrocinha de pipocas.

Exemplo 19

O sr. José Pereira pretende começar um negócio de vendas de pipocas e, para isso, abriu uma pequena empresa e investiu na aquisição de uma carrocinha de pipocas. Com base em um curso de microempreendedores, o sr. José Pereira recebeu orientações sobre um rápido estudo do mercado de pipocas em seu bairro e como ele poderia prever as suas vendas, para os próximos cinco anos, tempo definido para a vida útil da carrocinha. Então, durante o mês de setembro de 2016, ele fez sua pesquisa de mercado e conversou com diversos pipoqueiros da região, além de ter observado o movimento das carrocinhas nas portas dos colégios, igrejas, cinemas e praças. Ao final da pesquisa, o sr. José Pereira chegou às seguintes informações:
- os pipoqueiros da região venderam, em média, 80 saquinhos de pipoca por dia;
- nos últimos três anos, os pipoqueiros disseram que houve uma queda nas vendas, entre 5% e 10%;
- o horário de trabalho varia e pode chegar a cerca de 10 horas por dia, com quatro dias de folga no mês;
- os principais concorrentes são os vendedores de milho, cachorro quente, churro, sorvete e bala;
- o mercado de pipoca possui público fiel e os concorrentes não afetam muito as vendas;
- são vendidos três tamanhos de saquinhos de pipoca: R$ 2,00, R$ 4,00 e R$ 8,00.

Com base nas informações acima, o sr. José Pereira criou suas premissas de vendas, conforme segue:

Preço de venda = R$ 4,00/saquinho típico
Horários e locais de trabalho (terça-feira a sexta-feira): 75 saquinhos típicos/dia útil
- 11:00 às 13:00 – porta do Colégio A = 30 saquinhos típicos
- 13:30 às 14:30 – porta do Colégio B = 15 saquinhos típicos
- 15:30 às 17:30 – pracinha = 10 saquinhos típicos
- 18:00 às 20:00 – porta do cinema = 20 saquinhos típicos

Horários e locais de trabalho (sábado e domingo): 100 saquinhos típicos/dia de final de semana
- 12:00 às 18:00 – calçadão da praia = 80 saquinhos típicos
- 18:30 às 20:30 – porta do cinema = 20 saquinhos típicos

Estimativa das quantidades anuais de venda:
- vendas de dias úteis = 75 sacos/du × 18 du/mês × 12 meses/ano = 16.200 sacos/ano
- vendas de dias de final de semana = 100 sacos/dfs × 8 dfs/mês × 12 meses/ano = 9.600 sacos/ano
- vendas previstas para o primeiro ano = 25.800 saquinhos típicos
- crescimento previsto = estabilização para os dois anos seguintes e crescimento de 5% ao ano.

Previsão dos resultados do fluxo de caixa

Moeda: R$ (setembro/2016)

Período	Quantidade	Unidade	Preço unitário	Receita total
Ano 1	25.800	saco	R$ 4,00	R$ 103.200,00
Ano 2	25.800	saco	R$ 4,00	R$ 103.200,00
Ano 3	25.800	saco	R$ 4,00	R$ 103.200,00
Ano 4	27.090	saco	R$ 4,00	R$ 108.360,00
Ano 5	28.445	saco	R$ 4,00	R$ 113.778,00

Fluxo de caixa incremental

A análise incremental, também chamada de análise marginal, parte da premissa de que os resultados futuros de um novo projeto devem ser melhores que a situação *status quo*, ou seja, sem a realização desse novo projeto. Dessa forma, precisamos analisar tão somente o fluxo de caixa incremental de um projeto, ou seja, o fluxo de caixa da diferença entre as situações *com* e *sem* o projeto. Essa análise é importante na comparação de opções de projetos mutuamente excludentes, com a mesma duração, tanto para FCLA quanto para FCLE.

O projeto de investimento incremental deve ser considerado desejável financeiramente se produzir um VPL maior que zero, a partir da taxa de retorno exigida, conforme será mostrado no capítulo 4.

Para entendermos o princípio básico do fluxo incremental, imaginemos o caso hipotético de um condomínio que vem gastando mensalmente cerca de R$ 2.500,00 com consumo de energia elétrica, com tendência de continuação desse padrão de consumo para os próximos 12 meses. Para tentar melhorar o resultado do condomínio, o síndico propõe aos condôminos um investimento de R$ 4.000,00, hoje, em sensores de presença, lâmpadas eletrônicas e modernização das instalações elétricas, para conseguir uma redução de 25% nas próximas 12 contas de energia elétrica, segundo as previsões de um engenheiro eletricista. Os condôminos devem aprovar o projeto proposto pelo síndico? A resposta correta deve ter por base a análise incremental, ou seja, se o condomínio mantiver a situação atual, os gastos mensais com energia elétrica serão de R$ 2.500,00, durante os próximos 12 meses, mas se o condomínio optar pelo investimento de R$ 4.000,00, as contas mensais de energia elétrica têm previsão de passar para R$ 1.875,00, durante o mesmo período. Na prática, se tudo der certo, haverá uma redução de gastos da ordem de R$ 625,00, ou seja, o condomínio deixará de gastar esse valor todo mês, que resultará em sobra de caixa. Em termos financeiros, os condôminos devem tomar a decisão com base na análise do fluxo incremental, conforme mostrado na figura 5. Caso o condomínio adote uma TMA de 1% ao mês, o VPL do fluxo incremental será de R$ 3.034,42, valor que comprova a viabilidade financeira do projeto e ainda gera riqueza para o condomínio.

Figura 5
Representação gráfica do fluxo de caixa incremental

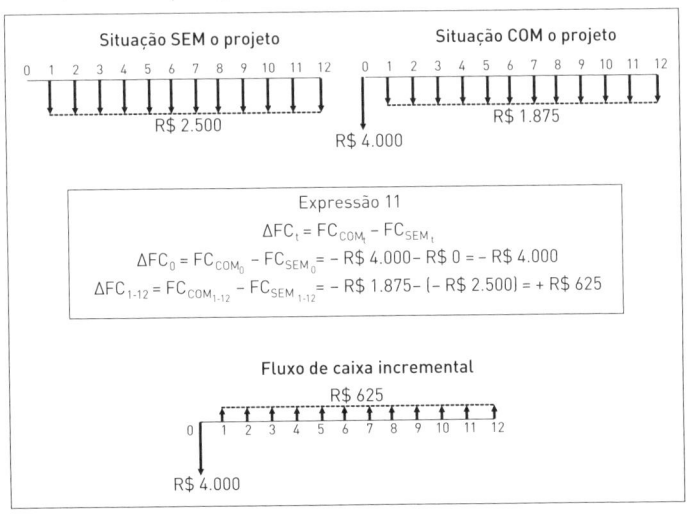

Situação SEM o projeto — R$ 2.500 (meses 1 a 12)
Situação COM o projeto — R$ 4.000 (mês 0); R$ 1.875 (meses 1 a 12)

Expressão 11

$$\Delta FC_t = FC_{COM_t} - FC_{SEM_t}$$
$$\Delta FC_0 = FC_{COM_0} - FC_{SEM_0} = -R\$\ 4.000 - R\$\ 0 = -R\$\ 4.000$$
$$\Delta FC_{1\text{-}12} = FC_{COM_{1\text{-}12}} - FC_{SEM_{1\text{-}12}} = -R\$\ 1.875 - (-R\$\ 2.500) = +R\$\ 625$$

Fluxo de caixa incremental
R$ 625 (meses 1 a 12); R$ 4.000 (mês 0)

Na prática, qualquer projeto deve ser analisado com base no princípio incremental, pois sempre haverá uma opção sem projeto, que seria a situação de nada a fazer, como nos projetos de implantação. Nos casos de projetos de modernização, reestruturação e reconstrução, os fluxos desses projetos são necessariamente incrementais, uma vez que sempre haverá a opção de continuação da situação atual, o *status quo*.

Nos fluxos incrementais, nas comparações entre as situações com e sem o projeto em estudo, as reduções de custos são consideradas como ganhos, assim como os aumentos de receitas, sendo, portanto, representados com valores positivos. Obviamente, se houver aumentos de custos, esses valores serão negativos. Poderemos observar isso claramente no exemplo 20, no caso dos custos totais previstos para a nova máquina no primeiro ano, que, na situação sem o projeto, seriam de R$ 650 mil, e com a nova máquina passariam para R$ 500 mil, ou seja, uma redução de custos totais de R$ 150 mil, que aparece no fluxo de caixa incremental com o sinal positivo. Já no caso das vendas líquidas previstas, a situação *status quo* prevê R$ 2.100 mil anuais, e, com a aquisição da nova máquina, essas vendas líquidas passariam para R$ 2.600 mil anuais, ou seja, um aumento de receitas líquidas de R$ 500 mil anuais.

Para efeito de cálculo de cada fluxo de caixa periódico, recomendamos a utilização da expressão 11:

$$\Delta FC_t = FC_{COM_t} - FC_{SEM_t} \tag{11}$$

onde:
- ΔFC_t representa o fluxo de caixa incremental, no tempo t;
- FC_{COM_t} indica o fluxo de caixa da situação com o projeto, no tempo t;
- FC_{SEM_t} indica o fluxo de caixa da situação sem o projeto, no tempo t.

Devemos sempre considerar o sinal convencional representativo de cada fluxo de caixa, ou seja, as entradas de caixa são positivas e as saídas de caixa, negativas.

No caso do exemplo 20, aplicamos a expressão 11 para o tempo t = 1, da seguinte forma:

- vendas líquidas: FC_{COM_1} = + R$ 2.600.000; FC_{SEM_1} = – R$ 2.100.000
  ΔFC_1 = + R$ 2.600.000 – (+R$ 2.100.000) = + R$ 500.000
- custos totais: FC_{COM_1} = – R$ 500.000; FC_{SEM_1} = – R$ 650.000
  ΔFC_1 – R$ 500.000 – (–R$ 650.000) = + R$ 150.000

Segundo Ross, Westerfield e Jaffe (2009), ao estudarmos a viabilidade financeira de um projeto, somente os fluxos de caixa que são incrementais ao projeto devem ser utilizados. Esses fluxos de caixa incrementais representam as mudanças dos fluxos de caixa da empresa que ocorrem em decorrência direta da aceitação da viabilidade do projeto.

Exemplo 20

A Indústria Grajaú Ltda. está pretendendo modernizar a máquina de produção de seu único produto, o componente Marte. Caso a empresa mantenha a máquina atual, as vendas líquidas previstas serão da ordem de R$ 2.100.000/ano, sem crescimento, custos totais de R$ 650.000, no próximo ano, com crescimento de 5% ao ano e despesas totais fixas de R$ 150.000/ano. Com o projeto de modernização, a empresa precisará investir R$ 1.200.000 na máquina nova, sem captação de recursos de terceiros, cujo valor residual estimado é de R$ 180.000, depois de cinco anos, período estipulado para essa nova fase de produção. Os estudos mostram que, com a modernização, os resultados previstos são os seguintes: vendas líquidas de R$ 2.600.000/ano, sem crescimento; custos totais de R$ 500.000, no primeiro ano, com crescimento de 5% ao ano; e despesas totais fixas de R$ 200.000/ano. Considerando a taxa anual de depreciação de 20% ao ano, para as máquinas e a alíquota de IR de 30%. Elabore o fluxo de caixa do projeto, sob o ponto de vista do acionista. Os valores são referentes a setembro de 2016. Elaboramos o fluxo incremental pelas diferenças entre as situação COM e SEM o projeto de modernização:

Moeda: R$. 10^3 (setembro/2016)

Discriminação		Ano 0	Ano 1	Ano 2	Ano 3	Ano 4	Ano 5
(+)	Aumento das receitas líquidas		500,0	500,0	500,0	500,0	500,0
(+)	Redução dos custos totais		150,0	157,5	165,4	173,6	182,3
(-)	Aumento de despesas fixas		-50,0	-50,0	-50,0	-50,0	-50,0
(-)	Depreciação		-240,0	-240,0	-240,0	-240,0	-240,0
(=)	LAJIR		360,0	367,5	375,4	383,6	392,3
(-)	Despesas financeiras		0,0	0,0	0,0	0,0	0,0
(=)	LAIR		360,0	367,5	375,4	383,6	392,3
(-)	IR/CSSL		-108,0	-110,3	-112,6	-115,1	-117,7
(=)	Lucro líquido		252,0	257,3	262,8	268,6	274,6
(+)	Depreciações		240,0	240,0	240,0	240,0	240,0
(-)	Investimentos	-1.200,0					
(+)	Empréstimos						
(-)	Amortizações						
(-)	Capital de giro						
(+)	Valor residual						180,0
(=)	FCLA incremental	-1.200,0	492,0	497,3	502,8	508,6	694,6

Fluxo de caixa do projeto *versus* lucro contábil

Brigham, Gapenski e Ehrhardt (2001) enfatizam em seu trabalho a importância do entendimento das quatro principais formas pelas quais o fluxo de caixa de um projeto é diferente do lucro contábil. Não devemos cometer erros recorrentes durante a estimativa de fluxos de caixa, pois precisamos ter sempre em mente que as decisões de orçamento de capital são baseadas exclusivamente em fluxos de caixa e não em lucros contábeis, bem como entender que os fluxos de caixa incrementais são relevantes.

Ainda segundo Brigham, Gapenski e Ehrhardt (2001), os fluxos de caixa apresentam algumas diferenças importantes em relação ao lucro contábil:

- a maioria dos projetos de investimento precisam de ativos fixos, e os recursos utilizados para a aquisição desses ativos devem ser originários dos investidores, tanto acionistas quanto credores; em finanças, as aquisições de ativos fixos são tratadas como saídas de caixa, mas, em contabilidade, as compras de ativos fixos não são demonstradas como uma dedução do lucro contábil;
- na composição do lucro líquido, a contabilidade geralmente subtrai algumas despesas que não representam saídas de caixa, como as depreciações, por exemplo; em finanças, na elaboração dos fluxos de caixa, as depreciações reduzem os lucros apenas para fins tributários e, por isso, não representam um saída de caixa, devendo ser adicionadas de volta após o lucro líquido dos fluxos de caixa;
- em contabilidade, as diferenças entre os ativos circulantes e os passivos circulantes representam as mudanças no capital de giro (CG) operacional líquido e, geralmente, essas mudanças são positivas e existe a necessidade de um finan-

ciamento adicional para esse capital de giro. Na elaboração dos fluxos de caixa, ao final da vida do projeto, os estoques utilizados serão utilizados, mas não serão repostos, e as contas a receber entrarão no caixa sem reposição. Dessa forma, o investimento em CG retornará ao caixa, no final da vida do projeto.

Precisamos relembrar que os fluxos de caixa de projetos de investimentos adotam o regime de caixa para a alocação dos valores estimados em cada período, como foi mostrado no capítulo 1, enquanto os demonstrativos de lucro contábil adotam o regime de competência. O regime de caixa é fundamental em finanças, especialmente para o cálculo do indicador do VPL, que utiliza o conceito do valor do dinheiro no tempo.

Em resumo, todos os fluxos de caixa livres estimados devem ser incrementais, considerando as situações com e sem o projeto; podem seguir a ótica do acionista (FCLA) e da empresa (FCLE), utilizando moeda constante ou nominal.

A importância do capital de giro para a empresa

Ross, Westerfield e Jaffe (2009) definem o capital de giro como a diferença entre ativo circulante e passivo circulante. Quando positivo, os ativos circulantes são maiores do que os passivos circulantes, fato que significa que o volume de dinheiro que se tornará disponível nos 12 meses seguintes será maior do que o volume que precisará ser desembolsado.

Ainda segundo Ross, Westerfield e Jaffe (2009), o investimento em capital de giro é uma parte importante de qualquer análise de orçamento de capital, ou seja, deve ter um papel de destaque na elaboração dos fluxos de caixa de projetos e empresas. Um investimento em capital de giro surge sempre que matérias-primas e outros estoques são adquiridos antes da venda de produtos acabados, os saldos de caixa são mantidos no projeto como proteção contra despesas inesperadas e as vendas a prazo são efetuadas, gerando contas as receber, em vez de caixa.

Em outras palavras, a necessidade de capital de giro ocorre quando existe descasamento entre as contas a receber e as contas a pagar. Caso as receitas e despesas possam ocorrer simultaneamente, não haverá a necessidade de capital de giro, que é o recurso financeiro que permite à empresa operar "no azul", enquanto aguarda os pagamentos pelos produtos vendidos.

A maioria das empresas precisa comprar estoques variados, ou seja, investir na compra de mercadorias, para oferecer produtos aos seus clientes. A aquisição de estoques custa dinheiro, e as empresas podem permanecer com esses estoques parados em suas prateleiras ou depósitos por algum tempo. Além disso, as empresas concedem prazos maiores para os clientes pagarem as compras, enquanto precisam pagar seus fornecedores em prazos menores ou mesmo antecipadamente.

Para entendermos o conceito do capital de giro de forma mais simples, imaginemos, hipoteticamente, a Indústria Guaratiba Ltda., que fabrica e vende somente o produto X, por R$ 500,00, a unidade, com prazo de 45 dias para pagamento, por meio de cheque pré-datado. Porém, o fornecedor da matéria-prima do produto X concede um prazo para pagamento somente de 20 dias, e as demais despesas da empresa são pagos a cada 30 dias. Dessa forma, se a Indústria Guaratiba Ltda. recebe por suas vendas a cada 45 dias e tem de pagar seus custos com a matéria-prima a cada 20 dias e quitar as demais despesas a cada 30 dias, podemos concluir que existe um descasamento entre os fluxos de caixa da firma e, em algum momento, haverá um problema de caixa caso não exista um capital inicialmente previsto para garantir toda essa operação. Esse é o capital de giro de que a Indústria Guaratiba Ltda. precisa para não ter de recorrer às caríssimas linhas de empréstimos de curto prazo ou pagar altas taxas de descontos pelos cheques pré-datados.

Gitman (2010) também define o capital de giro como a diferença entre o ativo circulante e o passivo circulante de uma empresa. Ele afirma que uma empresa tem capital de giro líquido positivo quando o ativo circulante supera o passivo circulante e, em caso contrário, o capital de giro líquido fica negativo.

Na estrutura do balanço patrimonial de uma empresa, o ativo circulante é formado pelas disponibilidades de caixa, saldos bancários, cheques em cobrança e aplicações financeiras de liquidez imediata, realizáveis em curto prazo, como duplicatas, contas e cheques a receber, impostos a recuperar, despesas antecipadas, adiantamento a fornecedores e empregados e estoques. Já o passivo circulante são as obrigações de curto prazo, tais como as contas, duplicatas, tributos e salários a pagar, dívidas com fornecedores e empréstimos bancários.

A figura 6 representa, esquematicamente, o balanço patrimonial de uma empresa, e podemos observar que o capital de giro é a parcela do ativo circulante que é financiada por fontes permanentes. Quanto maior o capital de giro da empresa, maior será sua liquidez e menor o risco de insolvência no curto prazo. Para entendermos a figura abaixo, as siglas têm os seguintes significados: AC – ativo circulante; PC – passivo circulante; RLP – realizável a longo prazo; AP – ativo permanente; ELP – exigível de longo prazo; PL – patrimônio líquido; CG – capital de giro. O apêndice B apresenta as noções básicas de contabilidade, cujos conceitos são importantes para entendermos melhor os elementos do balanço patrimonial e, consequentemente, do capital de giro. No apêndice B, podemos encontrar a estrutura detalhada do balanço patrimonial.

Figura 6
Esquema do balanço patrimonial

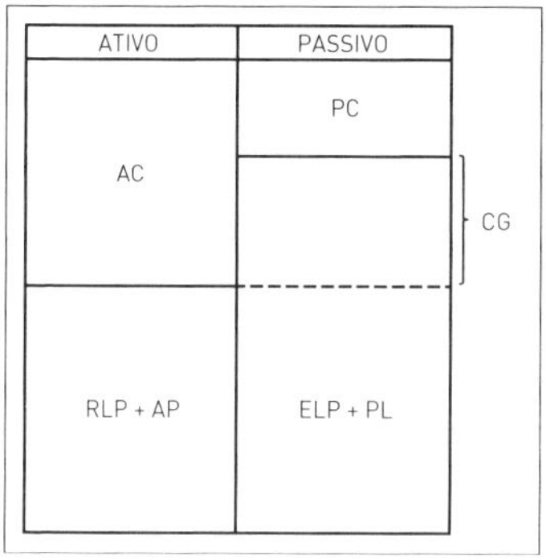

```
|   ATIVO   |  PASSIVO  |
|           |    PC     |
|    AC     |-----------| ⎫
|           |           | ⎬ CG
|           |    ...    | ⎭
|  RLP + AP |  ELP + PL |
```

Outra forma simples para entendermos a razão pela qual a análise do capital de giro de uma empresa é necessária, basta observarmos o que ocorre quando não o levamos em conta. Suponhamos um empresário que acaba de montar a empresa Ótica Bons Olhos para vender óculos de um único tipo ao preço unitário de R$ 10,00. As estimativas de vendas para os próximos quatro meses são apresentadas no fluxo de caixa do quadro 8, em moeda constante. O custo variável unitário é de R$ 3,80 e os custos fixos da empresa são de R$ 6.000,00 por mês. Todas as vendas serão realizadas à vista e a alíquota do IR/CSLL é de 30%.

Quadro 8
Resultados previstos para a ótica Bons Olhos

Moeda: R$ (setembro/2016)

Item	Jan.	Fev.	Mar.	Abr.
Vendas (unidades)	1.000	1.500	2.250	3.375
Receitas	10.000,00	15.000,00	22.500,00	33.750,00
Custos fixos	-6.000,00	-6.000,00	-6.000,00	-6.000,00
Custos variáveis	-3.800,00	-5.700,00	-8.550,00	-12.825,00
LAIR	200,00	3.300,00	7.950,00	14.925,00
IR/CSLL	-60,00	-990,00	-2.385,00	-4.477,50
Fluxo de caixa operacional	140,00	2.310,00	5.565,00	10.447,50

Suponhamos, agora, que todos os seus vendedores voltaram sem conseguir vender nada, alegando que é imprescindível a concessão de um prazo de pagamento de 90 dias para os clientes, pois esse é um padrão adotado por toda a concorrência na região. Diante dessa situação, o empresário aceita a imposição do mercado e concede 90 dias de prazo aos clientes, mas procura negociar com seus fornecedores um relaxamento no prazo de pagamento e consegue 60 dias. Além disso, o empresário consegue 30 dias para pagar seus custos fixos (aluguel, salários, prestações assumidas etc.). O quadro 9 apresenta o novo demonstrativo de resultados previstos.

Quadro 9
Resultados previstos para a ótica Bons Olhos (modificados)

Moeda: R$ (setembro/2016)

Item	Jan.	Fev.	Mar.	Abr.
Vendas (unidades)	1.000	1.500	2.250	3.375
Receitas	0,00	0,00	0,00	10.000,00
Custos fixos	0,00	-6.000,00	-6.000,00	-6.000,00
Custos variáveis	0,00	0,00	-3.800,00	-5.700,00
LAIR	0,00	-6.000,00	-9.800,00	-1.700,00
IR/CSLL	-60,00	-990,00	-2.385,00	-4.477,50
Fluxo de caixa operacional	-60,00	-6.990,00	-12.185,00	-6.177,50

Como podemos perceber, a Ótica Bons Olhos precisa dimensionar um valor, que deverá ficar separado dos demais negócios operacionais da empresa, para utilização nas movimentações financeiras necessárias nos períodos em que precisa fazer frente aos seus pagamentos, sem a cobertura dos recebimentos de suas vendas. Esse valor é chamado de capital de giro. Portanto, o gestor da Ótica Bons Olhos precisa dimensionar esse capital de giro e saber o momento de sua utilização.

Pelas condições do novo fluxo comercial da Ótica Bons Olhos, podemos perceber que a empresa terá necessidade de capital de giro, pois o primeiro recebimento ocorrerá em 90 dias e haverá pagamentos em 30 e 60 dias. Em outras palavras, existirá um descasamento entre os recebimentos e pagamentos da empresa.

Cálculo da necessidade de capital de giro

A necessidade de capital de giro (NCG), em inglês *working investment* (WI), é função da atividade da empresa e varia com as vendas e com o ciclo financeiro. A NCG é a diferença entre os ativos e passivos circulantes cíclicos (de origem estritamente operacional), também chamados ativos e passivos circulantes operacionais. A NCG é muito sensível às modificações que ocorrem no ambiente econômico em que a empresa opera.

Quando a NCG > 0, os ativos circulantes operacionais são maiores que os passivos circulantes operacionais. Um bom exemplo de empresas que apresentam NCG < 0 são os supermercados e empresas de transportes coletivos, que dispõem de recursos pela venda de seus produtos antes de terem de honrar com o pagamento aos fornecedores.

A NCG pode ser definida como sendo aquela cuja rotação do ativo circulante seja suficiente para pagar o passivo circulante, nas datas dos vencimentos. Assim, a NCG mostrará qual é o capital de giro mínimo de que a empresa precisa ter para, mediante a rotação de seu ativo circulante, poder gerar recursos suficientes para pagar suas dívidas de curto prazo, sem precisar recorrer aos onerosos empréstimos de curto prazo. Essa rotação é decorrente do ciclo operacional de produção da empresa em comparação ao seu ciclo financeiro.

Considerando que a NCG é uma necessidade permanente da empresa, é razoável que o capital de giro seja financiado preferencialmente por recursos permanentes. O ativo e o passivo são relacionados com o tempo, e algumas contas apresentam uma movimentação muito mais lenta quando analisadas em relação a um conjunto de outras contas. Assim, numa análise de curto prazo, elas podem ser consideradas permanentes.

Como já mencionado, o ativo cíclico corresponde às atividades operacionais da empresa cujas contas principais possuem financiamento espontâneo dado pela própria empresa, como duplicatas a receber e estoques. São chamados cíclicos porque são renováveis periodicamente conforme o ritmo do negócio da empresa. O passivo circulante cíclico corresponde às contas principais de financiamentos espontâneos recebidos pela empresa que são diretamente relacionados com a atividade operacional e são renováveis, ou seja, são as contas de fornecedores, despesas provisionadas (salários, impostos, obrigações previdenciárias etc.) e adiantamentos de clientes. O quadro 10 mostra as composições dos ativo e passivo circulantes cíclicos.

Quadro 10
Composição dos ativo e passivo circulantes cíclicos

Ativo circulante cíclico	=	Duplicatas a receber	+	Estoques	+	Adiantamento a fornecedores	+	Despesas antecipadas
Passivo circulante cíclico	=	Fornecedores	+	Provisão para pagamento de salários e tributos			+	Adiantamento a clientes

Assim, quando as saídas de caixa ocorrem antes das entradas, é criada uma necessidade de aplicação permanente de fundos (NCG), representada pela diferença entre ativo cíclico e o passivo cíclico.

A política de administração do capital de giro da empresa passa pela gestão de quatro fatores principais: vendas, política de estoques, prazos concedidos e prazos recebidos. A equação desses fatores determina a NCG.

A NCG aumenta quando as vendas aumentam e vice-versa, com variações diretamente proporcionais. Aumenta quando há maior concessão de prazos pela empresa a seus clientes e reduz-se quando ocorre um aumento dos prazos concedidos pelos fornecedores. Quanto aos estoques, um acúmulo maior aumenta a NCG, dada a imobilização temporária de recursos nesses estoques. O capital de giro e a NCG aumentam ou diminuem conforme o andamento das transações da empresa. O exemplo 21 mostra o cálculo da NGC, pelo método do ciclo financeiro do quadro 10.

Exemplo 21

A Santa Cruz Veículos precisa calcular sua necessidade de capital de giro para seu projeto de expansão. Para isso, fez previsões anuais de vendas, custos, despesas, tributos e estoque, além de definir os prazos médios para a realização dessas movimentações financeiras.

Item	Previsão anual R$	Prazo médio de realização (dias)	Conta cíclica* R$
(+) Faturamento das vendas	4.000.000	45	500.000
(-) Custos fixos e variáveis	1.800.000	20	100.000
(-) Despesas diversas	600.000	30	50.000
(-) Tributos	480.000	30	40.000
(+) Estoque	1.000.000	90	250.000
(=) Resultado líquido	2.120.000		560.000
ATIVO CIRCULANTE OPERACIONAL			
(+) Contas a receber (receitas de venda)			500.000
(+) Estoque			250.000
(=) Contas cíclicas do ativo			750.000
PASSIVO CIRCULANTE OPERACIONAL			
(-) Fornecedores (custos fixos e variáveis)			100.000
(-) Outras contas a pagar (despesas diversas)			50.000
(-) Tributos			40.000
(=) Contas cíclicas do passivo			190.000
NECESSIDADE DE CAPITAL DE GIRO (Investimento inicial no ano zero)			560.000

* Conta cíclica corresponde ao valor médio a cada período médio de realização: por exemplo, no item das receitas brutas, correspomde a uma venda de R$ 500.000 a cada 45 dias, em média; nos custos fixos e variáveis, um desembolso de R$ 100.000, a cada 20 dias, em média.

O cálculo da NCG por meio do ciclo financeiro da empresa tem por base as políticas de prazos médios de recebimentos e de pagamentos e o volume de vendas, conforme explicamos a seguir. No caso da Santa Cruz Veículos, do exemplo 21, a previsão anual do faturamento das vendas de R$ 4.000.000,00, considerando o prazo médio de pagamento para seus clientes, corresponde ao prazo médio de recebimento de R$ 500.000,00, a cada 45 dias, para efeito de cálculo da NCG. Para chegar a esse valor, multiplicamos o valor anual pela fração anual do prazo: R$ 4.000.000,00 × (45 / 360) = R$ 500.000,00.

Para a previsão anual dos custos fixos e variáveis, a Santa Cruz Veículos calcula R$ 1.800.000,00, considerando o prazo médio de 20 dias para pagamento, concedido pelos fornecedores. Assim, o valor médio de pagamento aos fornecedores será de R$ 100.000,00 a cada 20 dias: R$ 1.800.000,00 × (20 / 360).

Variação do capital de giro no fluxo de caixa de projetos

Na montagem de fluxos de caixa de projetos, devemos considerar os investimentos em capital de giro, bem como as possíveis variações da NCG ao longo do horizonte de estudo, para que haja a garantia de sucesso do fluxo comercial do projeto e, em consequência, a viabilidade financeira do mesmo. O capital de giro insuficiente poderá comprometer o sucesso do projeto, uma vez que haverá a necessidade da captação dos onerosos recursos de curto prazo, como mencionado. Na prática, dizemos que o capital de giro não pode ser consumido, pois ele é dimensionado para "girar" dentro do projeto. Por isso, o capital de giro investido ao longo do projeto deverá ser recuperado na data terminal, integralmente.

Para entendermos de forma simples essa recuperação do capital de giro na data terminal, imaginemos um projeto hipotético de um único período de um mês, cujo investimento inicial seja de R$ 50 mil e o fluxo de caixa líquido resultante no período 1 seja de R$ 80 mil. Como podemos verificar, trata-se de um projeto com grande indicação de viabilidade, pois seu VPL, para uma TMA de 2% a.m., é de R$ 28,4 mil, com uma TIR de 60% a.m. Entretanto, esse projeto pode estar fadado ao insucesso caso não seja considerado o capital de giro em seu fluxo de caixa. Isso poderá ocorrer porque temos de verificar se o fluxo comercial previsto para o projeto está consistente, ou seja, se não haverá algum descasamento entre receitas e despesas, pois a previsão de resultado líquido de R$ 80 mil não mostra essa situação, visto que se trata de um valor resultante do período. No caso desse projeto hipotético, haverá apenas dois eventos de caixa: um recebimento de venda de R$ 150 mil, 20 dias após o início, e um pagamento aos fornecedores de R$ 70 mil, 15 dias após o início do projeto. Assim, como foi explicado acima, sua NCG é a diferença entre o ativo e passivo circulantes cíclicos, ou seja, R$ 150 mil menos R$ 70 mil, que resulta no montante de R$ 80 mil. Se o projeto não computar um investimento inicial de capital de giro para sustentar o problema de o pagamento ocorrer antes do recebimento, o gestor empresarial, durante a execução, será obrigado a recorrer aos onerosos recursos de curto prazo para honrar o pagamento aos fornecedores, fato não previsto originalmente. Caso o projeto tenha a previsão de um fundo de investimento em capital de giro de R$ 80 mil, o gestor poderá "dispor" de R$ 70 mil para pagar o fornecedor e ainda sobrarão R$ 10 mil para eventualidades. Quando ocorrer o recebimento das vendas de R$ 150 mil, o gestor deverá recompor o fundo de investimento em capital de giro com R$ 70 mil, e este retornará ao montante inicial de R$ 80 mil. Dessa forma, fica comprovado que o capital de giro foi recuperado, não sendo consumido. O capital de giro apenas "girou" no projeto. O exemplo 22 mostra essa situação aplicada a um projeto maior.

Exemplo 22

Considere o projeto Tabajara, do exemplo 15, faça uma estimativa de 15% de necessidade de capital de giro, calculados sobre as suas receitas previstas, em função do fluxo comercial previsto para o projeto. Calcule os investimentos em capital de giro e apresente o novo fluxo de caixa do projeto Tabajara.

Moeda: R$. 106 (setembro/2016)

Discriminação	Ano 0	Ano 1	Ano 2	Ano 3	Ano 4	Ano 5
Receitas brutas		35,00	36,75	38,59	40,52	42,54
Necessidade de CG		5,25	5,51	5,79	6,08	6,38
Investimento em CG	-5,25	-5,51	-5,79	-6,08	-6,38	0,00
Recuperação do CG	0,00	5,25	5,51	5,79	6,08	6,38
Variação do CG	-5,25	-0,26	-0,28	-0,29	-0,30	6,38

A tabela acima mostra que o investimento em CG deve ser considerado ao período anterior e recuperado no final do período, e assim por diante, até a data terminal do projeto. Para efeito do fluxo de caixa do projeto Tabajara, devemos inserir uma linha de variação de CG, que retrata os aportes e recuperações de recursos para compensar a NCG. Podemos reparar que, na data terminal do projeto, o valor recuperado do CG corresponde a todos os aportes realizados ao longo do projeto. Isso ocorre porque o CG não será consumido.

Moeda: R$. 10^6 (setembro/2016)

	Discriminação	Ano 0	Ano 1	Ano 2	Ano 3	Ano 4	Ano 5
	Receitas brutas		35,00	36,75	38,59	40,52	42,54
(-)	Tributos		-4,20	-4,41	-4,63	-4,86	-5,11
(=)	Receitas líquidas		30,80	32,34	33,96	35,65	37,44
(-)	Custos fixos		-2,50	-2,50	-2,50	-2,50	-2,50
(-)	Custos variáveis		-5,00	-5,15	-5,30	-5,46	-5,63
(-)	Despesas diversas		-1,50	-1,50	-1,50	-1,50	-1,50
(-)	Depreciações		-8,00	-8,00	-8,00	-8,00	-8,00
(=)	LAJIR		13,80	15,19	16,65	18,19	19,81
(-)	Despesas financeiras		-3,00	-2,40	-1,80	-1,20	-0,60
(=)	LAIR		10,80	12,79	14,85	16,99	19,21
(-/+)	IR/CSSL		-3,24	-3,84	-4,46	-5,10	-5,76
(=)	Lucro líquido		7,56	8,95	10,40	11,89	13,45
(+)	Depreciações		8,00	8,00	8,00	8,00	8,00
(-)	Investimentos	-50,00					
(-)	ΔNCG	-5,25	-0,26	-0,28	-0,29	-0,30	6,38
(+)	Empréstimo	30,00					
(+)	Amortizações		-6,00	-6,00	-6,00	-6,00	-6,00
(+)	Valor residual						15,00
(=)	FCLA	-25,25	9,30	10,68	12,11	13,59	36,83

Em última análise, o investimento inicial em capital de giro é importante para cobrir o fluxo comercial do projeto e garantir sua rentabilidade, além de ser um investimento puramente financeiro; portanto, não sofre depreciação nem tributação. O investimento em capital de giro sempre será recuperado na data terminal do projeto, porque esse capital não é consumido, como mencionado; apenas existe o "giro" para cobrir os descasamentos entre as entradas e saídas de caixa ao longo do projeto.

Resumo do capítulo

Este capítulo apresentou o fluxo de caixa do acionista (FCLA), utilizado nos orçamentos de capital e nas análises de projetos, e o fluxo de caixa da empresa (FCLE), utilizado nas avaliações de empresas, como será visto no capítulo 5. Apresentamos as regras básicas para a elaboração desses fluxos e destacamos a importância do fluxo de caixa incremental.

Mostramos também a importância do capital de giro na composição dos fluxos de caixa do acionista e da empresa.

O capítulo seguinte apresenta os métodos quantitativos mais adequados para a análise da viabilidade dos fluxos de caixa apresentados neste capítulo, para fins de tomada de decisão.

4
Métodos quantitativos para análise de projetos

As análises de projetos de investimentos e as avaliações de quaisquer ativos exigem o emprego de métodos científicos que devem ser seguidos para subsidiar as tomadas de decisão empresariais. Para auxiliar essa difícil tarefa, este capítulo apresenta os principais métodos de seleção de projetos mais utilizados no mercado corporativo, bem como suas vantagens e desvantagens. O fundamento básico para o entendimento deste capítulo é o conceito do valor presente, aprendido na matemática financeira, que depende primordialmente de taxas de juros de desconto para seus cálculos. Essas taxas foram mostradas no capítulo 2. Os métodos são os seguintes: valor presente líquido (VPL), taxa interna de retorno (TIR), taxa interna de retorno modificada (TIRM), *payback* descontado (PBD) e índice de lucratividade líquida (ILL).

Análise de projetos de investimentos

O principal objetivo de analisarmos um projeto de investimento é determinar se existe ou não a potencialidade de viabilidade financeira do mesmo. Em outras palavras, analisamos projetos para obter resposta às seguintes perguntas: o projeto pode ser implementado com sucesso e atingir os resultados esperados pelos investidores e acionistas? O projeto tem chance de atender ao retorno exigido pelos investidores e acionistas e também gerar riqueza para a empresa?

Em outras palavras, precisamos determinar quanto tempo o projeto pode demorar para "se pagar", ou melhor, reembolsar os investimentos. Além disso, os investidores desejam conhecer a potencialidade de "lucro" ou "prejuízo" que devem esperar do projeto em que estão aportando capital e querem saber se a taxa de retorno do projeto tem chance de ser maior ou menor que a taxa do custo do capital que o financia.

Para responder a essas questões, os investidores se baseiam em métodos quantitativos, como apresentaremos adiante, que servem para indicar as chances de sucesso ou insucesso do projeto de investimento em estudo, caso as premissas previamente admitidas se concretizem. Os métodos quantitativos carecem de interpretação do analista do projeto.

Os métodos quantitativos mais utilizados no mercado

Os métodos quantitativos utilizados nas avaliações e seleções de projetos de investimentos, orçamentos de capital e avaliação de ativos de um modo geral, também chamados por alguns autores de indicadores financeiros, são os seguintes:

- valor presente líquido (VPL)
- taxa interna de retorno (TIR)
- taxa interna de retorno modificada (TIRM)
- *payback* simples (PBS)
- *payback* descontado (PBD)
- índice de lucratividade líquida (ILL)

Neste trabalho, preferimos utilizar a denominação principal de métodos quantitativos para análise e seleção de projetos de investimentos. Em alguns momentos podemos chamar esses métodos de indicadores de viabilidade financeira, desde que tenhamos o correto entendimento do conceito de indicador financeiro, como mostraremos a seguir.

Brigham, Gapenski e Ehrhardt (2001) ensinam que os indicadores financeiros são calculados para ajudar a análise das demonstrações financeiras das empresas, e que, na verdade, são relatórios contábeis compostos pelo balanço patrimonial, demonstração dos resultados, demonstração de lucros retidos e demonstração dos fluxos de caixa. As informações contidas nesses relatórios fornecem uma "fotografia" contábil das operações da empresa e sua posição financeira.

Com base nos relatórios contábeis citados, de uma forma geral, os principais indicadores financeiros de uma empresa são os seguintes: margem operacional, margem EBITDA, índice de liquidez, índice de liquidez corrente, estrutura de capital e índice endividamento/patrimônio.

Cabe lembrar que o EBITDA, cuja sigla em português é LAJIDA, é muito conhecido no mundo contábil-financeiro, pois representa quanto uma empresa gera de recursos por meio de suas atividades operacionais, sem considerar os impostos e outros efeitos financeiros. O LAJIDA é a sigla correspondente ao lucro antes dos juros, impostos, depreciação e amortização, equivalente à sigla em inglês EBITDA (*earnings before interest, taxes, depreciation and amortization*).

O apêndice B apresenta os principais indicadores financeiros utilizados nas análises das demonstrações contábeis, cujo conteúdo é importante para entendermos a diferença em relação aos métodos quantitativos aqui explicada.

Valor presente líquido (VPL)

O VPL, do inglês *net present value* (NPV), pode ser considerado o método mais rigoroso e tecnicamente perfeito, e, de maneira geral, o melhor procedimento para comparação de projetos diferentes, mas com o mesmo prazo de vida econômica útil. Matematicamente, o VPL é o valor no presente (t = 0) que equivale a um fluxo de caixa de um projeto, calculado a uma determinada taxa de desconto. Portanto, corresponde à soma algébrica dos resultados periódicos líquidos um projeto, ou seja, fluxos de caixa resultantes de cada período considerado, atualizados a uma taxa de juros que reflita a taxa de retorno exigida pelos investidores, para compensar os riscos inerentes ao mesmo, também conhecida como TMA, como mostrado. No caso de fluxos de caixa de empresas, a taxa de juros utilizada para a atualização é o CMPC, como também já mencionado. Assim, haverá indicação de viabilidade do fluxo de caixa se o VPL for positivo e, na escolha entre projetos concorrentes com mesmo horizonte de tempo, a preferência recairá sobre aquele com maior VPL positivo.

Kato (2012) define o VPL como uma técnica estruturada de análise de orçamento de capital, conceituada como um método determinístico de análise de investimentos, cujo objetivo é computar o somatório entre as entradas e saídas de um fluxo de caixa ao longo do tempo e os investimentos iniciais utilizando uma TMA.

O VPL de um fluxo de caixa de um projeto pode ser calculado pela seguinte expressão, que, na prática, é a mesma expressão 1, mostrada no capítulo 1:

$$VPL = \sum_{t=0}^{n} \frac{FC_t}{(1+k)^t} \qquad (12)$$

onde:
- FC_t é o fluxo de caixa resultante líquido do período t;
- k é a taxa de desconto, geralmente TMA (k_0 ou k_e) ou CMPC;
- n é o horizonte de estudo definido para a análise do projeto.

Se o valor do VPL for positivo, então a soma, na data zero, de todos os capitais do fluxo de caixa será maior que o valor investido. Como trabalhamos com estimativas futuras de um projeto de investimento, dizemos que o capital investido poderá ser recuperado e remunerado à taxa de juros exigida e que o projeto gerará um lucro extra, ou seja, um resultado acima do custo do capital na data zero, equivalente ao VPL, conforme exemplificado abaixo. Portanto, o método do VPL estabelece que, enquanto o valor presente das entradas for maior que o valor presente das saídas, descontados pela TMA, o projeto deve ser aceito, conforme mostra o exemplo 23:

- VPL > 0 → o projeto deve ser aceito;
- VPL = 0 → é indiferente aceitar ou rejeitar projeto;
- VPL < 0 → o projeto deve ser rejeitado.

Exemplo 23

O projeto Aymoré custa, hoje, R$ 3.000.000,00, sem qualquer tipo de financiamento com capital de terceiros. Esse projeto tem uma previsão de gerar os seguintes resultados líquidos, pelos próximos três anos: R$ 1.500.000,00 em t = 1, R$ 1.750.000,00 em t = 2, R$ 2.100.000,00 em t = 3. Calcule o VPL do projeto Aymoré, considerando as seguintes informações, levantadas pelos investidores: beta desalavancado = 0,97; taxa livre de risco = 5% a.a.; prêmio de mercado = 7% a.a. (data-base: setembro/2016).

Pela expressão 3, do CAPM, encontramos o custo do capital próprio não alavancado da empresa:
$k_0 = R_f + \beta \cdot (R_m - R_f) = 5\% + 0{,}97 \cdot (12\% - 5\%) = 11{,}79\%$ a.a. ◄ k_0

Com utilização da expressão 12, com $k_0 = 11{,}79\%$ a.a. (TMA), temos:
VPL = $\Sigma\ FC_t / (1+k)^t$
VPL = $-3.000.000{,}00 + 1.500.000{,}00 / (1{,}1179)^1 + 1.750.000{,}00 / (1{,}1179)^2 + 2.100.000{,}00 / (1{,}1179)^3$
VPL = R$ 1.245.315,27 ◄. Aceitar o projeto Aymoré, pois o VPL é positivo.

Talvez a única desvantagem do VPL seja a dificuldade da escolha da taxa de desconto, ou seja, da TMA (k_0 ou k_e) ou CMPC, dependendo do tipo de fluxo de caixa. Os pontos fortes do VPL são a inclusão de todos os capitais do fluxo de caixa e do custo do capital, além da informação sobre o aumento ou decréscimo do valor da empresa.

O conceito de equivalência financeira é de fundamental importância no raciocínio do VPL, pois dois ou mais fluxos de caixa de mesma escala de tempo são equivalentes quando produzem idênticos valores presentes num mesmo momento, calculados à mesma taxa de juros. Para que possamos avaliar opções de investimentos, é indispensável a comparação de todos os fatores em uma mesma data, ou seja, na data zero, calcular o VPL dos fluxos de caixa em estudo.

Em suma, o VPL serve para indicar a potencialidade de um projeto valer mais do que custa, ou seja, sinalizar se o projeto tem possibilidade de gerar riqueza e criar valor para os acionistas da empresa. O VPL serve para medir, antecipadamente, o resultado previsto. É a diferença entre quanto custa e quanto vale um projeto, a valores de hoje, incorporando o valor do dinheiro no tempo. O VPL positivo indica que o projeto considerado terá capacidade de devolver o capital investido, devidamente remunerado pela taxa de retorno exigida pelos investidores, ou seja, atender à TMA, e, ao mesmo tempo, gerar riqueza e, por conseguinte, aumentar o valor de mercado da empresa.

Taxa interna de retorno (TIR)

A taxa interna de retorno (TIR), do inglês *internal rate of return* (IRR), é a taxa de desconto que iguala o valor presente das entradas e saídas de um projeto de investimento e serve para determinar a taxa de juros máxima de custo de capital que ele suporta pagar. A TIR deve, obrigatoriamente, ser maior do que a taxa de custo de capital que financia o projeto, ou seja, maior que a TMA (k_0 ou k_e) do fluxo de caixa do acionista ou maior que o CMPC do fluxo de caixa do projeto. Entretanto, existem restrições ao uso da TIR, como será abordado adiante, apesar de ser um indicador de larga aceitação e um dos mais utilizados como parâmetro de decisão, muitas vezes de forma equivocada.

A TIR é a taxa intrínseca média de retorno de um projeto em longo prazo e é uma função endógena do projeto, pois depende exclusivamente de seu tamanho, capacidade e eficiência. Não deve ser considerada como uma taxa de remuneração do capital investido. Por comparação, a taxa do custo de capital depende da taxa de juros e de outros fatores exógenos ao projeto, assim como o VPL depende da taxa de desconto para ser calculado. A TIR, por sua vez, depende apenas dos fluxos de caixa do projeto para ser calculada. Se calcularmos o VPL de um projeto usando como taxa de desconto a taxa TIR, o VPL será zero.

Em termos matemáticos, a TIR de um projeto é a taxa de juros k* que satisfaz a equação abaixo e é representada graficamente, de forma genérica, na figura 7:

$$\sum_{t=0}^{n}\frac{FC_t}{(1+k^*)^t}=0 \qquad (13)$$

O grau da equação da expressão 13 está relacionado com o horizonte de estudo do projeto, acarretando o aparecimento de equações com graus maiores que dois, cuja solução algébrica é extremamente complexa. Esse problema é facilmente solucionado pelas modernas calculadoras financeiras e pelas planilhas

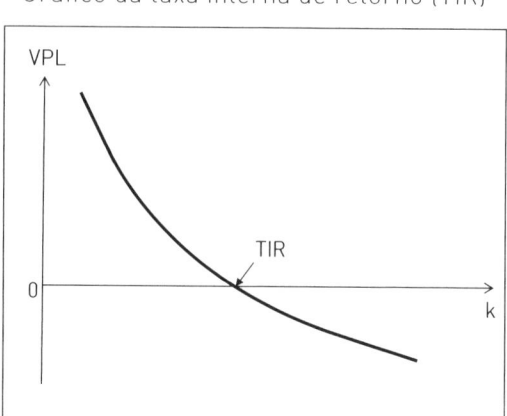

Figura 7
Gráfico da taxa interna de retorno (TIR)

eletrônicas, mas também pode ser resolvido "manualmente" por processos iterativos, de tentativa e erro, para se determinar um VPL positivo e outro negativo, correspondente às duas taxas de juros tomadas arbitrariamente. Em seguida, fazemos uma interpolação linear desses valores para encontrar o VPL igual a zero e, assim, encontrar a TIR desejada, conforme mostrado no exemplo abaixo.

Um projeto de investimento terá indicação de viabilidade, segundo esse método, se sua TIR for igual à taxa de retorno exigida para o capital investido ou maior que ela, ou seja, a TMA. Assim, quanto maior a TIR, maior a atratividade do projeto, conforme segue:

- TIR > TMA → o projeto deve ser aceito;
- TIR = TMA → é indiferente aceitar ou rejeitar projeto;
- TIR < TMA → o projeto deve ser rejeitado.

A TIR não é método para comparação entre opções de projeto, embora possa parecer intuitivo que a opção de maior TIR pode remunerar melhor o capital investido e, portanto, deve ser a escolhida. Também não é a taxa de juros que remunera o capital investido, pois a taxa de juros que atende a essa função é a TMA, no caso de sucesso do projeto.

A TIR é um método polêmico e que traz algumas restrições, entre outros problemas, pois pode, simplesmente, não existir matematicamente, ou podemos encontrar mais que uma TIR positiva. Isso ocorre porque ela é encontrada pela resolução da equação da expressão 13, que, dependendo de seu grau e de seus fatores, pode produzir uma ou mais raízes positivas ou não produzir raiz alguma. Esse problema pode ser evitado se o cálculo da TIR ficar limitado aos chamados fluxos de caixa convencionais, que são aqueles em que os investimentos antecedem os fluxos positivos, ou seja, não há inversões intermediárias. Nos fluxos convencionais, podemos garantir a existência matemática de uma única TIR.

Um importante problema causado pela TIR é a falsa ideia de que todos os fluxos de caixa positivos são remunerados pela própria TIR, para que seu cálculo possa produzir o efeito de anular o VPL. Logicamente, isso não é verdade, pois a TIR não é uma taxa de juros de mercado e também pode não existir, como mencionado.

Existe também a situação em que a TIR gera um conflito com o VPL, para a correta tomada de decisão. Por exemplo, na comparação entre dois ou mais projetos, aquele que tem a TIR mais elevada não necessariamente possui o maior VPL. Portanto, devemos ter cuidado com o uso da TIR para a seleção de projetos, especialmente no caso da escolha entre os mutuamente excludentes, quando há grandes diferenças de escala de investimento ou de padrões de comportamento dos fluxos de caixa. O exemplo 24 apresenta uma forma iterativa para o cálculo da TIR.

> **Exemplo 24**
>
> Determine a TIR do fluxo de caixa do exemplo 5, do capítulo 1, projeto Santiago, pelo método manual e verifique a sua atratividade, sabendo-se que a TMA é igual a 8% a.a.
>
> Inicialmente, arbitramos uma taxa de juros de 10% a.a. e calculamos VPL para essa taxa:
>
> Com utilização da expressão 12, com k = 10% a.a. (TMA), temos:
>
> $VPL = \Sigma\ FC_t / (1+k)^t$
>
> $VPL = -1.000.000,00 + 200.000,00 / (1,10)^1 + 200.000,00 / (1,10)^2 + 200.000,00 / (1,10)^3 + 400.000,00 / (1,10)^4 + 500.000,00 / (1,10)^5 = 81.036,44$ ◀
>
> Como esse VPL resultou em valor positivo, arbitramos uma outra taxa de juros maior, como 15% a.a. e calculamos novo VPL:
>
> $VPL = -1.000.000,00 + 200.000,00 / (1,15)^1 + 200.000,00 / (1,15)^2 + 200.000,00 / (1,15)^3 + 400.000,00 / (1,15)^4 + 500.000,00 / (1,15)^5 = -66.065,31$ ◀
>
> Agora, vamos plotar os pontos encontrados no gráfico da figura e supor a função linear. Dessa forma, fazemos a interpolação linear, por semelhança de triângulos, e encontramos o valor da taxa de juros que anula o VPL, ou seja, a TIR. Como mostrado no gráfico abaixo, o valor da TIR corresponde a 12,75% a.a. Se quisermos uma TIR mais precisa, basta arbitrarmos uma outra taxa de juros menor que 15% a.a. e repetirmos o processo. Se utilizarmos uma calculadora financeira, o valor exato da TIR é de 12,62% a.a. A calculadora é precisa porque realiza a operação por aproximações sucessivas, até encontrar o resultado desejado, ou seja, a taxa de juros que iguala o VPL a zero.
>
> [Gráfico: VPL (R$) vs k (%), com pontos +81.036 em k=10 e -66.065 em k=15, k* entre 10 e 15]
>
> TIR = 12,75% a.a. ◀ Aceitar o projeto, pois a TIR é maior que a TMA de 8% a.a.

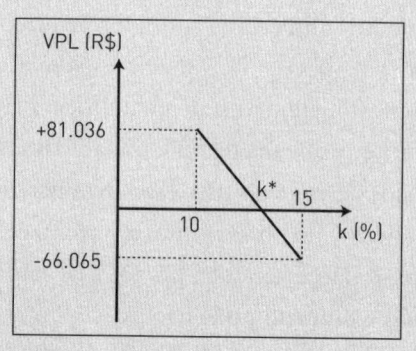

Em virtude de todos esses problemas, muitos artigos científicos recomendam a não utilização da TIR como indicador financeiro de viabilidade em análise de projetos, mas entendemos que ela pode ser útil, desde que utilizada de forma correta. Para termos ideia da ampla utilização da TIR no mundo corporativo, diversas pesquisas de instituições renomadas revelam que esse método é amplamente utilizado por mais de 75% dos altos executivos empresariais, que desconhecem os problemas da TIR e a utilizam para avaliar e tomar decisões sobre projetos de investimento.

Em resumo, diante dos diversos problemas da TIR, recomendamos seu uso somente em fluxos de caixa convencionais e na comparação entre projetos mutuamente excludentes, com mesmo montante de investimento e com a mesma escala de tempo. Em todas as situações, o VPL deve ser considerado o indicador relevante e sem restrições de uso.

A TIR apresenta a vantagem de ser apresentada na forma de taxa de juros, para ser comparada com a TMA em projetos convencionais, de modo a proporcionar ao analista a margem de segurança para a inviabilidade do projeto.

O VPL é a quantia máxima a que se poderia elevar o custo do investimento, hoje, para que esse ainda continuasse viável. Já a TIR é a taxa de desconto para a qual o VPL de um projeto é igual a zero e, em fluxos convencionais, é o limite da TMA para manter o projeto viável. Para o caso de a TIR existir e ser a única raiz positiva da equação da expressão 13, dizemos que a TIR pode ser vista como a maior taxa de juros que pode ser paga se todos os recursos necessários forem obtidos via empréstimo.

Em sua obra, Brigham, Gapenski e Ehrhardt (2001) explicam a lógica do método da TIR por meio da resposta à seguinte questão: por que é tão importante a taxa de desconto que iguala o custo do projeto ao valor presente de suas entradas? Essa taxa é a TIR. A resposta tem por base a seguinte lógica: (1) a TIR de um projeto é sua taxa de retorno esperada; (2) caso a TIR ultrapasse o custo das fontes utilizadas para financiar o projeto, um excedente permanece após pagamento pelo uso do capital, e esse excedente pertence aos acionistas da empresa; (3) empreender um projeto cuja TIR excede seu custo de capital aumenta a riqueza dos acionistas; em caso contrário, se a TIR for menor do que o custo de capital, a implementação desse projeto acarretará custo aos acionistas. Os exemplos a seguir mostram algumas aplicações do método da TIR.

Exemplo 25

Os projetos Bela Vista e Vale Central são mutuamente exclusivos e possuem um horizonte de estudo de apenas um ano. O projeto Bela Vista precisa de um investimento inicial de R$ 2.500.000 e prevê a geração de um fluxo de caixa líquido de R$ 3.500.000, no final do ano. O projeto Vale Central exige um investimento inicial de R$ 7.500.000 e promete um fluxo de caixa líquido de R$ 9.750.000, também no final do ano. Considerando uma TMA de 12% ao ano, determine o melhor projeto para investimento (data-base: setembro/2016).

Vamos calcular os VPL e TIR de ambos os projetos:

Projeto Bela Vista
Expressão 12: VPL = -2.500.000 + 3.500.000 / (1,12) → VPL = 625.000
Expressão 13: -2.500.000 + 3.500.000 / (1 + TIR) = 0 → TIR = 40%

Projeto Vale Central
Expressão 12: VPL = -7.500.000 + 9.750.000 / (1,12) → VPL = 1.205.357 ◄ maior VPL
Expressão 13: -7.500.000 + 9.750.000 / (1 + TIR) = 0 → TIR = 30%

O projeto Bela Vista apresenta uma TIR mais alta, mas o projeto Vale Central é melhor, pois produz um VPL mais elevado, indicando, assim, maior geração de riqueza para a empresa, e atendimento da mesma taxa de retorno exigida pelos investidores, de 12% a.a.◄

Exemplo 26

Qual é a TIR do projeto Brasil? O projeto Brasil, em construção civil, precisa de investimento inicial da ordem de R$ 1.000.000 e promete pagar aos seus investidores um único fluxo de caixa, no valor de R$ 1.300.000,00, em t=1. Considerando que a TMA desse projeto seja de 20% ao ano, você investiria no projeto Brasil? (data-base: setembro/2016)

Partindo da definição de que a TIR é taxa "k" que torna o VPL = 0, devemos aplicar a expressão 13 para calcularmos a TIR:
VPL = - FC0 + FC1 / (1 + k)
0 = -1.000.000 + 1.300.000 / (1 + TIR)
(1 + TIR) = 1.300.000 / 1.000.000
TIR = 0,30 → 30% a.a.
TIR = 30% a.a. > TMA = 20% a.a. ◄ Investir no projeto Brasil

Brigham, Gapenski e Ehrhardt (2001) explicam a lógica do método da TIR, por meio da resposta à seguinte questão: por que é tão importante a taxa de desconto que iguala o custo do projeto ao valor presente de suas entradas? Essa taxa é a TIR. A resposta tem por base a seguinte lógica: (1) a TIR de um projeto

> **Exemplo 27**
>
> Calcule a TIR do projeto Tupy, representado pelo fluxo de caixa abaixo, em milhões de reais, base setembro de 2016, e verifique sua viabilidade para uma TMA de 15% ao ano. 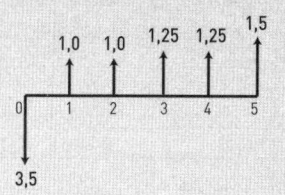
>
> ```
>         1,0   1,0   1,25  1,25  1,5
>          ↑     ↑     ↑     ↑     ↑
>     0 ───┼─────┼─────┼─────┼─────┼─
>          1     2     3     4     5
>          ↓
>         3,5
> ```
>
> Com o uso de uma calculadora financeira, a TIR equivale a 19,48% a.a. O cálculo da TIR também pode ser realizado por interpolação linear, conforme mostrado no exemplo 18, pois o seu valor está compreendido entre 15% a.a. e 20% a.a., pela tabela dos VPL abaixo.
>
> | Taxa | VPL (R$) |
> |-------|-----------|
> | 0,0% | 2.500.000 |
> | 5,0% | 1.642.875 |
> | 10,0% | 959.829 |
> | 15,0% | 408.061 |
> | 20,0% | -43.210 |
> | 25,0% | -416.480 |
>
> TIR = 19,48% a.a. ◄ Aceitar o projeto Tupy, pois a TIR é maior que a TMA de 15% a.a.

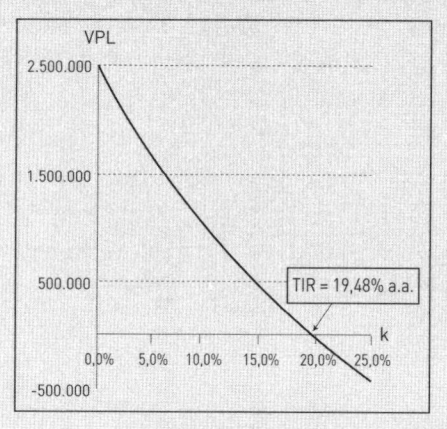

é sua taxa de retorno esperada; (2) caso a TIR ultrapasse a taxa do custo do capital das fontes utilizadas para financiar o projeto, um excedente permanece após pagamento pelo uso do capital, e esse excedente pertence aos acionistas; (3) empreender um projeto cuja TIR excede seu custo de capital aumenta a riqueza dos acionistas; em caso contrário, se a TIR for menor do que o custo de capital, a implementação desse projeto lhes acarretará custo.

Exemplo 28

Estude a viabilidade do projeto Netuno, representado pelo fluxo de caixa abaixo, em reais, considerando uma TMA de 20% ao ano (data-base: setembro/2016).

Ano	Fluxo de caixa (R$)
0	24.000
1	24.000
2	-116.000
3	24.000
4	24.000
5	24.000

Como o fluxo do projeto Netuno é não convencional, haverá duas TIR, calculadas por uma calculadora financeira, que não serão consideradas para fins de estudo de viabilidade. Neste caso, o VPL é o indicador adequado, cujo valor negativo (- R$ 1.448) indica que o projeto Netuno não deve ser realizado, para a TMA de 20% a.a. ◄

Taxa	VPL (R$)
0,0%	4.000
5,0%	923
10,0%	-724
15,0%	-1.408
20,0%	-1.448
25,0%	-1.057
30,0%	-387
35,0%	462
40,0%	1.415

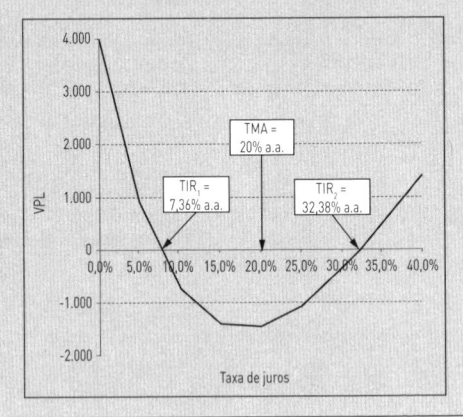

TMA = 20% a.a.
TIR_1 = 7,36% a.a.
TIR_2 = 32,38% a.a.

Taxa de juros

Taxa interna de retorno modificada (TIRM)

A taxa interna de retorno modificada (TIRM), do inglês *modified internal rate of return* (MIRR), serve para "resolvermos" o principal problema da TIR, que é a restrição de seu uso para o caso dos fluxos de caixa não convencionais. Entretanto, a TIRM não corrige o problema das TIR múltiplas, nem da inexistência de uma TIR, visto que, tanto a TIRM quanto a TIR, não fazem diferença entre os fluxos de investimento e de financiamento. No caso específico dos fluxos não convencionais, com duas ou mais TIR, alguns autores dizem que não faz sentido financeiro a definição de uma taxa de retorno para o projeto, seja ela modificada ou não.

A questão de essa taxa refletir ou não a rentabilidade do projeto depende do enfoque dado pelo analista, que pode admitir que o método reproduz as condições reais do mercado, se bem que a TIRM é mais "precisa e realista" do que a TIR, pelas taxas de desconto utilizadas, como será mostrado adiante, especialmente nos fluxos convencionais.

Quando determinamos a TIR, estamos pressupondo que os fluxos de caixa positivos e os fluxos de caixa negativos são reaplicados, todos, e sempre à mesma TIR, fato inverídico no mundo real, como colocado anteriormente. No caso do VPL, a suposição é que todos os fluxos de caixa do projeto são reaplicados à TMA, que também não é o que ocorre na prática, mas é uma situação muito próxima da realidade do mercado. No mercado financeiro, normalmente a aplicação de recursos nos rende taxas de juros menores que as taxas de juros cobradas nos financiamentos, que são mais caras em função do *spread* bancário, diferença entre os custos de captação e empréstimo das instituições financeiras. O método da TIRM incorpora essa característica.

Na prática, a TIRM não é uma modificação propriamente dita da TIR, pois não utiliza nenhum método iterativo, nem procura raízes de uma equação; apenas utiliza os conceitos de equivalência entre capitais da matemática financeira, valores presente e futuro. Dessa forma, o cálculo da TIRM tem o seguinte roteiro: os fluxos dos investimentos são trazidos a valor presente, pela taxa de mercado para financiamentos (k_m), ou seja, uma taxa de captação média do mercado; os fluxos positivos são levados a valor futuro, no último período do fluxo, por uma taxa de juros de reinvestimento (k_r), ou seja, uma taxa de aplicação do mercado, geralmente menor que a TMA; com os valores concentrados no instante zero e no período final, podemos calcular a taxa de juros implícita nessa relação entre dois capitais, em função do horizonte de tempo do fluxo de caixa. A expressão abaixo pode ser utilizada para o cálculo da TIRM:

$$TIRM = \left(\frac{VF_{FC+}}{VP_{INV}}\right)^{\frac{1}{n}} - 1 \qquad (14)$$

onde:
- VF_{FC+} é o valor futuro dos fluxos de caixa positivos, no último período n, calculado pela taxa de juros de reinvestimento de mercado (k_r);
- VP_{INV} é o valor presente dos fluxos de investimentos, no tempo zero, calculado pela taxa de juros de mercado para financiamentos (k_m);
- n é o tamanho do fluxo de caixa do projeto em análise.

Em suma, a TIRM pode ser considerada a melhor forma de expressão da taxa de retorno de longo prazo de projetos de investimento com fluxos convencionais, pois leva em conta situações mais realistas do mercado. Em fluxos convencionais, isto é, quando há uma única TIR, a TIRM é a taxa mais aproximada para refletir o retorno médio do projeto como um todo no longo prazo. Isso ocorre em decorrência das diferenças na forma de cálculo e na conformação dos fluxos de caixa intermediários. A TIR utiliza um processo iterativo e não precisa de taxas de juros de mercado para ser encontrada, e a TIRM, ao contrário, necessita justamente de taxas de juros de mercado para ser calculada, por equivalência entre capitais a juros compostos. Da mesma forma que a TIR, a TIRM não é a taxa de retorno do capital investido no projeto. A seguir, alguns exemplos sobre o cálculo da TIRM.

MÉTODOS QUANTITATIVOS PARA ANÁLISE DE PROJETOS

Exemplo 29

Determine a TIR e a TIRM do projeto Rio Novo, representado pelo fluxo de caixa abaixo, em milhões de reais, considerando uma TMA de 15% ao ano e a taxa de reinvestimento de mercado de 10% ao ano. O projeto Rio Novo é um bom investimento? (data-base: setembro/2016)

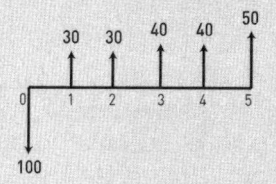

```
          30    30    40    40    50
          ↑     ↑     ↑     ↑     ↑
          |     |     |     |     |
      0───1─────2─────3─────4─────5
      |
     100
```

Como o fluxo do projeto Rio Novo é convencional, haverá uma única TIR.
pela calculadora financeira: TIR = 23,41% a.a. ◄

Para o cálculo da TIRM, utilizaremos a expressão 14.
valor presente do investimento: VP_{INV} = R$ 100 milhões
valor futuro dos fluxos positivos (k_r = 10% a.a.): VF_{FC+} = R$ 226,25 milhões
TIRM = $(VF_{FC+}/VP_{INV})^{1/n}$ − 1 = $(226{,}25/100)^{1/5}$ − 1 = 0,1774 → TIRM = 17,74% a.a. ◄

Para o cálculo do VPL, para a TMA de 15% a.a., utilizaremos a expressão 12:
VPL = $\Sigma \; FC_t / (1+k)^t$
VPL = $-100 + 30/(1{,}15)^1 + 30/(1{,}15)^2 + 40/(1{,}15)^3 + 40/(1{,}15)^4 + 50/(1{,}15)^5$
VPL = R$ 22,80 milhões ◄

O projeto Rio Novo pode ser considerado um bom investimento, pois apresenta um VPL positivo e TIR > TIRM > TMA ◄

Payback simples (PBS)

O *payback* simples (PBS), ou período de *payback*, do inglês *payback period*, é o método mais simples para auxiliar na análise da viabilidade de um investimento e pode ser definido como o número de períodos (anos, semestres ou meses) para se recuperar o investimento inicial. Para se calcular o PBS de um projeto basta somar os valores dos fluxos de caixa auferidos, período a período, até que essa soma se iguale ao valor do investimento inicial.

O PBS, também conhecido como período de recuperação do capital, é um critério simplificado que serve como auxiliar na análise da viabilidade de um projeto de investimento e que pode ser definido como o número de períodos (anos, semestres, trimestres ou meses) para a recuperação do investimento inicial. O PBS é calculado pela simples soma algébrica dos valores dos fluxos de caixa previstos do projeto, período a período, sem a utilização de uma taxa de desconto, até que seja encontrado o valor do investimento inicial.

Exemplo 30

Determine a TIRM do projeto Netuno, do exemplo 28, considerando a taxa de captação de empréstimo de 12% a.a. e a taxa de reinvestimento de 10% a.a.

Como o fluxo do projeto Netuno é não convencional, a TIRM pode apresentar a taxa de retorno de longo prazo do projeto, a partir da expressão 14.
Valor presente do investimento (k_m = 12% a.a.): VP_{INV} = R$ 92.474
Valor futuro dos fluxos positivos (k_r = 10% a.a.): VF_{FC+} = R$ 153.231
TIRM = $(VF_{FC+} / VP_{INV})^{1/n}$ = $(153.231 / 92.474)^{1/5}$ − 1 = 0,1063 → TIRM = 10,63%

O VPL negativo de R$ 1.448 já tinha indicado a inviabilidade do projeto Netuno e a TIRM apenas comprova essa indicação, mostrando-se inferior à TMA de 20% a.a. No gráfico do exemplo 22, a TIRM cai na região de VPL negativo, mostrando que a taxa de retorno de longo prazo do projeto é inferior à taxa de retorno exigida pelos investidores. ◀

Apesar da deficiência relatada, o PBS é um método muito utilizado por alguns gestores corporativos, mesmo que equivocadamente, para fornecer rapidamente, sem muitos cálculos, o tempo estimado para a recuperação do capital investido.

Não existe um tempo ideal para a recuperação do capital investido em um projeto e, por conseguinte, não há um PBS ótimo, visto que o tempo de recuperação pode variar conforme as expectativas dos investidores e acionistas e também com as características de cada projeto. Na prática, os investidores e acionistas podem definir previamente um prazo máximo para a recuperação do capital aplicado num determinado projeto, segundo critérios e premissas previamente estabelecidos, denominado período de corte (PC), que pode ser confrontado com o indicador do PBS para auxiliar a tomada de decisão, desde que, é claro, o VPL tenha indicado previamente a viabilidade do projeto. O exemplo 31 apresenta o cálculo do PBS. Dessa forma, o método do PBS pode ser utilizado como segue:

- PBS > PC → o projeto deve ser rejeitado;
- PBS = PC → é indiferente aceitar ou rejeitar projeto;
- PBS < PC → o projeto deve ser aceito.

Exemplo 31

Calcule o PBS do projeto Laranjeiras, representado pelo fluxo de caixa abaixo, em milhares de reais, base setembro/2016, e um período de corte de três anos, definido pelos investidores do projeto.

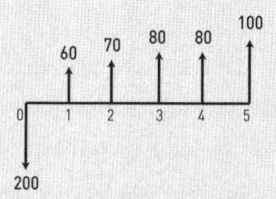

```
            60   70   80   80   100
             ↑    ↑    ↑    ↑    ↑
        0────1────2────3────4────5
        ↓
       200
```

Como não existe uma fórmula para o cálculo do PBS, criamos a tabela abaixo. O momento do PBS ocorre no momento que o investimento inicial é zerado.

Ano	Fluxo de caixa (R$)	Fluxo de caixa acumulado (R$)
0	-200.000	-200.000
1	60.000	-140.000
2	70.000	-70.000 ◀ PBS próximo de três anos
3	80.000	10.000
4	80.000	90.000
5	100.000	190.000

Para obtermos um PBS mais preciso, podemos conseguir a fração do ano para ser somada ao ano 2, por interpolação linear, dividindo o valor do fluxo de caixa acumulado do ano 2, em módulo, pelo fluxo de caixa original do ano 3: 70.000 / 80.000 = 0,9. Assim, o PBS ocorre em 2,9 anos, aproximadamente.

PBS = 2,9 anos < Período de corte = 3 anos ◀ A princípio, sem o cálculo do VPL para a indicação de viabilidade do projeto, os investidores devem aceitar o projeto Laranjeiras, em virtude do atendimento da estratégia de recuperação de capital em, no máximo, três anos.

Payback descontado (PBD)

O *payback* descontado (PBD), do inglês *discounted payback period*, é o número de períodos necessários para retornar os investimentos realizados ou, em outras palavras, o número de períodos necessários para tornar o VPL nulo. O PBD é indicado para medir a potencialidade do projeto em devolver o capital aportado pelos investidores, levando-se em conta o valor do dinheiro no tempo.

O cálculo do PBD está baseado no conceito do valor presente e utiliza a TMA como taxa de desconto. Não há uma fórmula para o cálculo do PBD, e as calculadoras financeiras, assim como as planilhas eletrônicas, não trazem uma função direta. Para o cálculo do PBD, geralmente expresso em anos, devemos montar uma planilha, conforme mostrado no exemplo 32, para que possamos identificar o período aproximado que anula o VPL do projeto.

Não existe o PDB ideal, mas a empresa ou o investidor pode definir previamente um prazo máximo para a recuperação do capital aplicado no projeto, denominado período de corte (PC), que pode ser confrontado com o indicador do PBD, para auxiliar a tomada de decisão, desde que, é claro, o VPL tenha previamente indicado viabilidade do projeto, conforme segue:

- PBD > PC → o projeto deve ser rejeitado;
- PBD = PC → é indiferente aceitar ou rejeitar projeto;
- PBD < PC → o projeto deve ser aceito.

O PBD já foi muito utilizado, equivocadamente, como principal método de decisão de viabilidade de projetos de investimentos, antes mesmo do VPL. Entretanto, devido às diversas desvantagens do método, o PBD caiu em desuso, apesar de muitos analistas ainda gostarem de utilizá-lo como coadjuvante do processo decisório, com algumas restrições.

As principais desvantagens desse método são as seguintes: o PBD ignora os fluxos de caixa posteriores ao período de VPL nulo; a adoção de um único período de corte pode levar os tomadores de decisão a aceitarem projetos que não maximizam suas riquezas; o PBD pode existir em projetos com VPL negativo; o PBD pode induzir a empresa em investir em projetos de curto prazo que não criam valor para os acionistas; assim como ocorre com a TIR, podem existir múltiplos PDB em fluxos não convencionais; matematicamente, pode existir o PBD em projetos com VPL negativos.

Exemplo 32

Calcule o PBD do projeto Laranjeiras do exemplo 31, considerando o mesmo período de corte de três anos e a mesma TMA de 10% a.a.

Assim como ocorre para o PBS, não existe uma fórmula para o cálculo do PBD, por isso, temos que criar a tabela abaixo, com uma coluna de valores presentes e outra de valores acumulados, que são os valores parciais do VPL, a cada ano. O momento do PBD ocorre na inversão de viabilidade, ou seja, no momento previsto para a mudança do VPL negativo para o VPL positivo. Então, fazemos a interpolação linear desses valores, para conseguirmos o valor aproximado do PBD.

Ano	Fluxo de caixa (R$)	VP (10% a.a.)	VPL acumulado	
0	-200.000	-200.000	-200.000	
1	60.000	54.545	-145.455	
2	70.000	57.851	-87.603	
3	80.000	60.105	-27.498	◄ PBD, entre três e quatro anos
4	80.000	54.641	27.143	
5	100.000	62.092	89.235	◄ VPL

Para obtermos um PBD mais preciso, podemos conseguir a fração do ano para ser somada ao ano 3, por interpolação linear, dividindo o valor do VPL do ano 3, em módulo, pelo VP do ano 4: 27.498 / 54.641 = 0,5. Assim, o PBD ocorre em 3,5 anos, aproximadamente.

PBD = 3,5 anos > Período de corte = 3 anos ◄ Apesar da viabilidade do projeto Laranjeiras ser indicada pelo VPL, os investidores devem recusá-lo, em virtude do não atendimento à estratégia de recuperação de capital em, no máximo, três anos.

O PBD resolve essa questão do valor do dinheiro no tempo, ao utilizar uma taxa de desconto em cada um dos fluxos de caixa futuros; entretanto, suas desvantagens superam as vantagens. Talvez a única vantagem do PBD seja a simplicidade de cálculo e interpretação, visto que o investidor pode ter a ilusão que receberá o capital investido num determinado tempo. Na prática, o PBD dá uma ideia de tempo de recuperação do investimento e pode sinalizar o risco do investimento se o tempo de permanência do capital no projeto for muito longo.

Em resumo, o PBD pode ajudar a tomada de decisão, sem ser considerado um indicador de viabilidade relevante, e recomendamos sua utilização apenas em fluxos de caixa convencionais.

Índice de lucratividade líquida (ILL)

O ILL, do inglês *discounted profit-to-investment ratio*, é um método que indica a quantidade de riqueza que pode ser gerada pelo projeto para cada unidade monetária investida. O ILL também utiliza o conceito do valor presente e precisa de uma taxa de desconto para ser calculado. Geralmente, essa taxa é a TMA.

O ILL é o resultado da divisão do valor presente das entradas positivas líquidas do fluxo de caixa do projeto pelo o valor presente dos investimentos, conforme a seguinte expressão:

$$ILL = \frac{VP_{FC+}}{VP_{INV}} \tag{15}$$

onde:
- VP_{FC+} é o valor presente dos fluxos de caixa positivos, no tempo zero, calculado pela TMA;
- VP_{INV} é o valor presente dos fluxos de investimentos, no tempo zero, calculado pela TMA.

A fórmula indica que o ILL é adimensional, ou seja, não tem unidade, nem tempo; por isso é um índice e segue as seguintes regras:

- ILL > 1 → VPL > 0 → o projeto deve ser aceito;
- ILL = 1 → VPL = 0 → é indiferente aceitar ou rejeitar projeto;
- ILL < 1 → VPL < 1 → o projeto deve ser rejeitado.

Na expressão 15, podemos perceber que a diferença entre o numerador e o denominador da fração resulta no VPL. Obviamente, para que o VPL seja positivo, o numerador dessa fração deve ser sempre maior que o denominador.

Entretanto, existe uma desvantagem do ILL a ser considerada, que é a possibilidade de conflito com o VPL, no caso de comparação entre projetos mutuamente excludentes, pois, em certas situações, um projeto com VPL maior pode não ser, necessariamente, aquele com maior ILL.

Cabe ressaltar que o cálculo correto do ILL deve isolar os investimentos nos fluxos de caixa intermediários do projeto, quando houver, para que esses investimentos façam parte do denominador da expressão 15. Caso isso não ocorra, um fluxo de caixa líquido intermediário, que já tenha abatido o investimento, colocará um valor equivocado no numerador da expressão 15 e, assim, será produzido um ILL falso. O exemplo 33 mostra o cálculo do ILL.

> **Exemplo 33**
> Calcule o ILL do projeto Laranjeiras, do exemplo 30, para a mesma TMA de 10% a.a.
> Para o cálculo do ILL, vamos aproveitar as duas primeiras colunas da tabela do exemplo 26 e criar uma terceira coluna com os somatórios dos fluxos positivos e dos investimentos, para, então, aplicarmos a expressão 15, conforme segue:
>
> | Ano | Fluxo de caixa (R$) | VP (10% a.a.) | Somatório em módulo |
> |---|---|---|---|
> | 0 | -200.000 | -200.000 | 200.000 |
> | 1 | 60.000 | 54.545 | |
> | 2 | 70.000 | 57.851 | |
> | 3 | 80.000 | 60.105 | 289.235 |
> | 4 | 80.000 | 54.641 | |
> | 5 | 100.000 | 62.092 | |
>
> Utilizando a expressão 15: ILL = VP_{FC+} / VP_{INV}
> Valor presente dos fluxos positivos = R$ 289.235
> Valor presente dos investimentos = R$ 200.000
> ILL = 289.235 / 200.000 = 1,45
> ILL = 1,45 ◄ ILL > 1 indica viabilidade do projeto e confirma o VPL > 0 encontrado.
> VPL = VP_{FC+} − VP_{INV} = 289.235 − 200.000 = 89.235 ◄
> Esse ILL significa que o projeto poderá gerar R$ 1,45 de riqueza líquida para cada R$ 1 investido.

Resumo do capítulo

Este capítulo apresentou os métodos quantitativos mais utilizados em orçamentos de capital e nas análises de projetos de investimento, suas características, formas de cálculo, vantagens e desvantagens, assim como diversos exemplos elucidativos.

No próximo capítulo, mostraremos os fundamentos de avaliação de empresas com base nos conceitos apresentados nos quatro primeiros capítulos deste livro.

5
Fundamentos de avaliação de empresas

Neste capítulo, veremos os principais conceitos utilizados para avaliação de empresas em geral, que também são aplicados nas avaliações de quaisquer ativos, inclusive projetos de investimentos. Procuramos responder a diversas perguntas, a saber: como estimar o preço justo de uma ação? Qual o valor estimado de um projeto para a empresa? Como calcular o valor de uma empresa? Existe mais de uma maneira de se calcular o valor de uma empresa?

Conceitos fundamentais: valor e cotação

Suponhamos que uma pessoa compre um apartamento, dando uma entrada e obtendo financiamento pela Caixa Econômica Federal (CEF). À medida que a pessoa efetua os pagamentos, sua dívida com a CEF vai diminuindo e, ao longo desse tempo, o valor do apartamento pode mudar, levando em conta as condições de mercado. Agora, suponhamos que, num dado momento, no futuro, essa pessoa ponha um anúncio no jornal para vender o apartamento e surja um comprador disposto a pagar por ele R$ 600 mil. Imaginemos que esse seja efetivamente o valor de mercado do apartamento. O comprador faz a oferta em função unicamente das características do apartamento: localização, área interna, número de aposentos, estado de conservação, entre outros atributos. Se a pessoa aceitar a oferta, o negócio poderá ser fechado. Consideremos ainda que, nesse momento, o saldo devedor com a CEF seja de R$ 360 mil. Isso significa que a pessoa obterá na venda apenas R$ 240 mil, depois de saldar sua dívida com a CEF, supondo que isso seja uma condição exigida pelo comprador. Nesse caso, dizemos que o valor de mercado do apartamento, aqui representado por V, é de R$ 600 mil. O valor de propriedade do apartamento, representado por E, é de R$ 240 mil, e o valor da dívida, representado por D, é de R$ 360 mil. Observemos que o valor de propriedade pode ser calculado pela diferença entre o valor do apartamento e o valor da dívida, isto é: $E = V - D$. Com uma pequena mudança na ordem das variáveis, podemos escrever: $V = D + E$. Dessa forma, podemos afirmar que o valor de um ativo será igual ao valor da dívida utilizada para seu financiamento mais o valor do capital próprio que o financia. É muito importante não confundir o valor de um ativo (V) com o valor do capital próprio do ativo em questão (E). Observemos que, se a dívida com a CEF fosse de R$ 600 mil, o valor do capital próprio (sua parte no apartamento) seria nulo. Nem por isso o apartamento valeria mais ou menos.

    O valor da dívida é também chamado de capital de terceiros, pois deve ser pago a terceiros que ajudaram a financiar o apartamento. O valor da sua parte no apartamento é chamado de capital próprio, pois representa o valor atual de mercado do dinheiro que a pessoa utilizou para pagar parte do apartamento, valor que pode ser aumentado ou diminuído em função das circunstâncias econômicas e de mercado.

    Observemos também que, nesse caso, V é avaliado em termos de mercado, assim como D e E. Não são, portanto, apenas valores registrados na contabilidade, mas valores de mercado, isto é, valores que são aceitos pelo mercado.

    Imaginemos agora que se esteja falando não de um apartamento, mas de uma empresa. Nesse caso, V é o valor de mercado da empresa; D, o valor do capital de terceiros usado para financiá-la; e E, o valor do capital próprio, capital dos acionistas, usado para financiar a empresa. No caso de uma sociedade por ações, E será o valor de mercado dessas ações.

No exemplo do apartamento, supusemos que o mesmo valia R$ 600 mil e que o comprador havia oferecido por ele exatamente essa quantia. Aqui é possível fazer uma distinção entre valor e cotação. Quando um ativo é negociado por uma determinada quantia, dizemos que essa quantia é uma cotação desse ativo. Isso significa que, se a negociação fosse feita com outro comprador, talvez a cotação obtida fosse diferente.

O que é valor, então? Chamamos de valor a quantia pela qual o ativo é negociado em condições de equilíbrio de mercado. Em situações de equilíbrio, todas as cotações convergem para o valor do ativo. Imaginemos que todos os apartamentos de um prédio sejam iguais. Se 10 apartamentos são vendidos por R$ 400 mil cada, e alguém, por algum motivo, vende o 11º por R$ 360 mil, os apartamentos do prédio não passam a valer o mesmo só porque houve uma negociação nesse montante. Os apartamentos continuam valendo R$ 400 mil, que parece ser o valor de equilíbrio do mercado. Valor é, portanto, uma quantia teórica que costuma orientar os negócios e que deve ser calculada com base na existência de liquidez, de condições normais e de equilíbrio no mercado. Os modelos usados permitem calcular valores, preços considerados justos para os ativos em condições de equilíbrio.

Em resumo, valor é um conceito teórico de precificação de ativos, inclusive empresas, baseado em modelos matemáticos, comumente denominado preço justo, ou preço-alvo, e representado por P_0. Por outro lado, cotação é um conceito prático, pois reflete as variações dos preços dos ativos no mercado, e é também conhecido como preço de mercado ou, no caso de ações de empresas, preço de fechamento, e é representado por P_m. Assim, após a determinação de P_0 e o conhecimento de P_m, tanto o detentor de determinado ativo quanto o candidato a investidor nesse mesmo ativo devem seguir a regra do quadro 11.

Quadro 11
Regra para tomada de decisão entre preço e valor

Condição	Ponto de vista	
	Detentor do ativo	Investidor
$P_0 > P_m$	*Não vender* ou *comprar* mais	*Comprar*
$P_0 < P_m$	*Vender*	*Não comprar*

Para entendermos bem os conceitos de valor e cotação, voltemos ao caso hipotético do apartamento. Imaginemos um apartamento em Ipanema, no Rio de Janeiro, cujo valor de mercado P_m gire em torno de R$ 1.000.000,00. Esse valor atribuído a P_m pode ser encontrado por pesquisa nos classificados de jornais ou em *sites* especializados na internet, para apartamentos de mesmas características, no mesmo bairro. Por outro lado, o proprietário entende que seu apartamento vale R$ 1.200.000,00, ou seja, o proprietário definiu o valor do imóvel, o P_0. Como ele definiu o P_0? Nesse caso, ele atribuiu um valor baseado em sua percepção do mercado ou em valores sentimentais. Ele poderia também ter feito algum cálculo baseado nas expectativas de aluguéis futuros do apartamento. O conceito de P_0 pode ser chamado de preço justo, como será mostrado adiante. Agora, se aparecer um comprador oferecendo R$ 1.050.000,00 pelo apartamento, qual a decisão a ser tomada? Pelas regras do quadro 4, o proprietário possui um ativo com um preço justo P_0 maior que o preço de cotação de mercado P_m, e, dessa forma, não deveria vender o apartamento. Contudo, o proprietário está recebendo uma oferta maior que o preço de cotação de mercado. Pelo lado do proponente, ele está fazendo uma oferta de R$ 1.050.000,00 por um ativo que vale R$ 1.200.000,00, segundo o proprietário do imóvel, e, assim, ele estaria fazendo um bom negócio, pois $P_0 > P_m$. Nesse caso, caberia a negociação entre ambas as partes.

A importância da avaliação para a tomada de decisão

É natural que os agentes econômicos queiram saber o valor dos ativos nos quais estão interessados. O motivo é simples: a compra de um ativo por um valor superior ao aceito pelo mercado fatalmente implicará prejuízo, ao passo que a situação contrária poderá resultar em grande lucro. O árbitro final do valor de um ativo é sempre o mercado, quando aceita transacionar um determinado ativo por certo valor. Tudo seria mais fácil se fosse possível afirmar que o valor de um ativo é algo estável. Infelizmente, isso não acontece. Ao longo do tempo, o valor de um ativo se modifica, dependendo das condições econômicas vigentes. Assim, neste capítulo, as referências à determinação de valor estarão implicitamente vinculadas ao fato de o valor estar sendo determinado num dado momento. Portanto, será necessário reavaliar um ativo sempre que mudarem as condições econômicas ou mesmo as expectativas dos agentes econômicos a respeito dessas condições no futuro.

Para estabelecermos o valor de um ativo, utilizamos um modelo teórico, que nada mais é do que uma simplificação da realidade. No caso de avaliação de ativos, inclusive empresas, destacaremos duas importantes categorias de abordagem: a avaliação relativa e a avaliação pelo fluxo de caixa descontado. Por trás de cada abordagem, existe uma filosofia de avaliação que estabelece os pontos relevantes na determinação do valor do ativo.

Segundo Damodaran (2009), grande parte da teoria financeira baseia-se na premissa de que o objetivo das finanças corporativas seja a maximização do valor da empresa e, dessa forma, existe a necessidade de delineamento do relacionamento entre as decisões financeiras, a estratégia corporativa e o valor da empresa. Assim, o valor da empresa pode estar diretamente relacionado com as decisões tomadas por seus acionistas, especialmente aquelas relativas aos tipos de projetos empreendidos, aos financiamentos tomados e à política de dividendos adotada.

Costa, Costa e Alvim (2010) ensinam que a avaliação de uma empresa, dentro do contexto financeiro, envolve todo o processo de análise retrospectiva e prospectiva dessa empresa, sendo que o termo da língua inglesa para esse processo, em nível mundial, é *valuation*. O termo *valuation* significa valorar um ativo gerador de fluxo de benefícios ao seu proprietário, ou seja, atribuir um valor monetário a uma empresa que tenha capacidade de gerar resultados financeiros de forma contínua.

Avaliação de ativos baseada em valores contábeis

Em muitas situações, às vezes de forma equivocada, a contabilidade é utilizada para o estabelecimento do valor de um ativo, mais precisamente de uma empresa. Nesse caso, o balanço patrimonial da empresa é a base de informações para expressar seu valor V, pelo valor contábil dos ativos da empresa. O valor de propriedade – capital próprio, E – é igualado ao valor do patrimônio líquido da empresa, e o valor do capital de terceiros, D, é o valor total da dívida usada para financiá-la (empréstimos, debêntures, entre outras formas de financiamento).

A grande desvantagem dessa análise é que ela parte do princípio de que a contabilidade expressa valores corretamente, e sabemos que a contabilidade, devido às regras a que está submetida, distorce os valores, se comparados com aqueles obtidos do ponto de vista do mercado. Porém é importante saber que, ainda hoje, muitos agentes econômicos continuam utilizando os balanços para determinar os valores das empresas. Sugerimos a leitura do apêndice B para recordarmos as noções básicas de contabilidade, para melhor acompanharmos o restante deste capítulo.

Ross, Westerfield e Jaffe (2009) ensinam que os termos "valor histórico" ou "valor contábil" são inadequados, pois contêm a palavra "valor", quando, na prática, os números expressos nas demonstrações financeiras são baseados em custos, fato que leva ao eventual entendimento equivocado de que os ativos da empresa estão registrados pelos seus verdadeiros valores de mercado. Na realidade, muitos dos verdadeiros recursos da empresa não aparecem no balanço patrimonial, tais como a boa gestão corporativa, as condições econômicas favoráveis, entre outros fatores intangíveis.

Observemos que a contabilidade olha apenas para o passado, para o que já aconteceu, já foi registrado, e já aprendemos que o passado serve como fonte de informações e de tendências e não há garantia alguma de que os fatos passados se repetirão da mesma forma no futuro. Na prática do mercado, o valor de uma empresa está relacionado com o futuro, com suas possibilidades de gerar fluxos de caixa em suas operações.

O método contábil mais utilizado preconiza que o valor da empresa é decorrente do valor do seu patrimônio líquido, ou seja, a diferença entre o ativo total e o passivo exigível, conhecido em inglês por *book value*. A esse cálculo devem ser somados bens e direitos não agregados no ativo, tais como: fundo de comércio, mercado potencial, canais de distribuição e tecnologia. Essa abordagem patrimonial não considera os ativos intangíveis, como marcas, redes de relacionamento, carteira de clientes, capital intelectual dos funcionários, reputação da empresa, entre outros itens não refletidos no balanço patrimonial. Esses itens podem aumentar o valor da empresa, ou seja, representam um valor adicional denominado *goodwill*.

O *goodwill* deriva de um conjunto de características, qualidades e diferenciais da empresa, expresso por meio de sua capacidade futura de gerar riquezas e retornos superiores aos de novos entrantes e concorrentes do setor. Pode ser definido como a diferença entre o valor pago em uma transação (*traded value*) e o valor patrimonial (*book value*) da empresa adquirida. Na verdade, o *goodwill* é um incremento qualitativo, devido aos valores intangíveis da empresa. Alguns autores o definem como a diferença entre o valor econômico da empresa para seus acionistas (P_0) e seu valor patrimonial reavaliado a preços de mercado (P_m).

Ross, Westerfield e Jaffe (2009) definem *goodwill* como a simples diferença entre o preço de compra e a soma dos valores justos de mercado dos diversos ativos adquiridos.

Segundo Costa, Costa e Alvim (2010), *goodwill* é a capacidade de ganho acima do normal, pois geralmente o valor da empresa como um todo excede o valor dos ativos avaliados individualmente. Assim, está atrelado à variação de atributos intangíveis inter-relacionados que derivam de uma avaliação agregada dos futuros ganhos da empresa.

Outro tipo de valor que merece menção é o valor de liquidação, também baseado em conceitos contábeis. Como o próprio nome diz, o valor de liquidação é um método utilizado na avaliação de empresas em situação técnica, mercadológica ou financeira desfavorável, mas detentoras de ativos tangíveis e intangíveis consideráveis. Esse método é válido quando há interesse do comprador nos itens físicos e não na capacidade de geração de caixa da empresa, haja vista que essa empresa não mais existirá no futuro. Na prática, podemos dizer que o valor de liquidação é o montante que cada acionista, cotista ou proprietário espera receber após a venda dos ativos tangíveis e intangíveis da empresa e da quitação dos compromissos com os credores.

Como exemplo, imaginemos que as operações de certa empresa foram subitamente interrompidas e todos os seus ativos vendidos a preços de mercado. O montante apurado nessa venda seria chamado de valor de liquidação. Portanto, consideramos uma condição de equilíbrio na qual a cotação obtida para cada ativo da empresa atingiu seu valor de mercado.

De um modo geral, a grande maioria das empresas é saudável, e podemos afirmar que o valor operacional de uma empresa é substancialmente superior aos seus valores contábil e de liquidação.

O que aconteceria no caso de uma empresa com valor de liquidação superior ao valor operacional? Os proprietários poderiam fechá-la e vender seus ativos a preço de mercado, com ganho sobre a hipótese de continuar a operá-la. O cinema representou essa situação em dois filmes muito conhecidos: *Uma linda mulher* e *Wall street*. Nesses filmes, os atores Richard Gere e Michael Douglas, respectivamente, representam o papel de investidores que compram empresas cujo valor de liquidação é superior ao seu valor operacional, depois fecham essas empresas e obtêm o ganho da diferença dos valores. Em ambos os filmes, são retratadas as situações que ocorrem na realidade do mercado americano.

Como dissemos, a avaliação de ativos não deverá ter por base os valores contábeis, mas, conforme será visto adiante, seguir as abordagens mais utilizadas no mercado: a avaliação relativa e a avaliação pelo fluxo de caixa descontado.

As abordagens de avaliação mais utilizadas

Neste livro, como mencionado, apresentamos duas importantes abordagens de avaliação de empresas mais utilizadas no mercado corporativo: avaliação relativa e avaliação pelo fluxo de caixa descontado. A primeira estima o valor de um ativo com base na análise da precificação de ativos comparáveis em relação a uma variável comum, como receitas, fluxos de caixa, LAJIDA (EBITDA) ou valor contábil. A segunda vincula o valor de um ativo ao valor presente dos fluxos de caixa futuros previstos desse ativo.

Damodaran (2007) menciona que, embora a preferência dos debates acadêmicos e os ensinamentos em salas de aula sejam pelo fluxo de caixa descontado, na prática do mercado a maioria dos ativos é avaliada sobre bases relativas. Assim, por exemplo, ao determinarmos o valor a ser pago por uma casa, consideramos os preços pelos quais as casas semelhantes da vizinhança estão sendo vendidas em vez de fazermos uma avaliação intrínseca, considerando as características da casa, sua localização e sua potencialidade de gerar aluguéis.

Ainda segundo Damodaran (2007), no caso da abordagem pelo fluxo de caixa descontado (FCD), do inglês *discouted cash flow* (DCF), o valor de um ativo é o valor presente dos fluxos de caixa previstos desse ativo, descontado a uma taxa que reflita o grau de risco desses fluxos de caixa. A abordagem do FCD tem por base a premissa de que compramos a maioria dos ativos porque esperamos que gerem fluxos de caixa no futuro. Dessa forma, o valor de um ativo não está ligado à percepção individual de valor de uma pessoa, visto que o valor desse ativo é uma função dos fluxos de caixa previstos para aquele ativo. O exemplo 34 mostra uma ideia das duas abordagens.

Assim como ocorre na prática do mercado, entendemos que a categoria dos modelos de fluxos de caixa descontados pode ser considerada como a melhor abordagem para a avaliação de ativos, especialmente de empresas em continuidade. O motivo dessa escolha é o fato de serem esses os modelos mais aceitos e utilizados pela comunidade empresarial e acadêmica, que têm preocupação com uma sólida conceituação teórica. Os modelos de avaliação relativa, como veremos a seguir, carecem dessa base teórica sólida, apesar de terem grande aceitação no mercado.

> **Exemplo 34**
>
> Determinar o valor de um apartamento de 150 m², com sala, dois quartos, dois banheiros, sendo uma suíte, e vaga de garagem, localizado em Copacabana. Utilize as abordagens da avaliação relativa e do fluxo de caixa descontado. Considere valores referentes a setembro de 2016.
>
> Para a avaliação relativa, foi feita fazer uma pesquisa na região de Copacabana, de imóveis semelhantes:
>
> | Pesquisa | Área | Preço de venda | Preço de venda por m² | Valor do aluguel |
> |---|---|---|---|---|
> | Apartamento 1 | 160 m² | R$ 1.600.000,00 | R$ 10.000,00 | R$ 7.500,00 |
> | Apartamento 2 | 145 m² | R$ 1.300.000,00 | R$ 8.965,52 | R$ 6.750,00 |
> | Apartamento 3 | 172 m² | R$ 1.850.000,00 | R$ 10.755,81 | R$ 8.000,00 |
> | Apartamento 4 | 150 m² | R$ 1.575.000,00 | R$ 10.500,00 | R$ 7.000,00 |
> | Apartamento 5 | 155 m² | R$ 1.700.000,00 | R$ 10.967,74 | R$ 7.000,00 |
>
> De modo bem simples, encontramos o preço médio de venda, por m²: R$ 10.237,81
> Valor relativo: R$ 10.237,81 × 150 m² = R$ 1.535.671,50
> Então, em termos relativos, podemos determinar o valor do apartamento em R$ 1.536.000,00. ◄
>
> Para a avaliação pelo FCD, podemos estimar que o apartamento possui uma potencialidade de gerar fluxos de caixas anuais de aluguéis equivalentes ao valor do aluguel médio dos imóveis da região, indefinidamente. Considerando uma taxa de juros de desconto de 10% ao ano, que reflete o risco envolvido (TMA), e utilizando a expressão 2, com taxa de crescimento g igual a zero, temos:
> Valor do aluguel estimado, indefinidamente: R$ 7.250,00/mês × 12 meses/ano = R$ 87.000,00/ano
> $VP_{do\ ativo} = FC_t / (k - g) = 87.000,00 / (0,010 - 0) = 870.000,00$
> Então, com base no FCD, o apartamento foi avaliado em R$ 870.000,00. ◄
>
> Reparemos que no presente caso existe uma diferença significativa entre os dois métodos de avaliação utilizados. Isso não é uma regra, especialmente quando avaliamos empresas. As abordagens de avaliação são passíveis de controvérsias, visto que há subjetividades e incertezas envolvidas nas premissas estabelecidas e nas expectativas de venda do ativo. Precisamos ter em mente a ideia de que o valor percebido deve ser sustentado pela realidade do mercado, fato que implica que o preço a ser pago por qualquer ativo venha a ser refletido pelos fluxos de caixa a serem gerados.

Avaliação relativa

A ideia central da abordagem da avaliação relativa é a comparação do valor do ativo no qual possamos estar interessados com o valor de algum outro ativo do qual tenhamos conhecimento. Na avaliação relativa, o valor de um ativo deriva da precificação de ativos "comparáveis", padronizados pelo uso de uma variável comum, como lucros, fluxos de caixa, valores contábeis, entre outros.

Costa, Costa e Alvim (2010) chamam a atenção para o fato de que a avaliação relativa estima o valor de um ativo com base na precificação de ativos comparáveis, utilizando, para isso, indicadores contábeis, como lucro líquido e LAJIDA (EBITDA). Apesar de ser um método aparentemente simples, sua abordagem requer cuidado, em virtude da grande dificuldade de encontrarmos empresas comparáveis, mesmo dentro de seus setores de atuação.

Suponhamos, por exemplo, que um comerciante deseje vender sua padaria. Então, ele ouve falar que uma padaria vizinha foi vendida recentemente por R$ 350 mil. Como ele conhece essa padaria e acha que a sua é melhor, estima poder vendê-la por R$ 500 mil. Observemos que o conceito de "melhor" terá sido necessariamente subjetivo. Além disso, a diferença de valor, correspondente a R$ 150 mil, também será subjetiva. Essa subjetividade desqualifica qualquer base conceitual dos modelos de avaliação relativa.

É exatamente aí que residem as duas principais deficiências desses modelos. A primeira deficiência está na questão de estabelecer o valor do ativo que se toma por referência. Estaria a comparação sendo feita com o valor do ativo de referência ou meramente com sua cotação? Devemos nos lembrar da diferença apontada anteriormente. Aquele valor teria sido adequadamente estabelecido? A segunda deficiência está no fato de que, em muitos casos, os ativos são apenas semelhantes e não iguais, pois, na realidade, não existem ativos ou empresas iguais, e o ajuste estabelecido no valor estipulado para dar conta das diferenças existentes costuma conter boa dose de subjetividade.

Um tipo particular de avaliação relativa é a chamada avaliação por meio de múltiplos, também conhecida como múltiplos comparáveis.

Avaliação por múltiplos

O que é um múltiplo? Chamamos de múltiplo qualquer razão entre valores relativos ao balanço de uma empresa. Em outras palavras, os múltiplos são índices calculados pela razão entre o valor da empresa (V), ou do seu patrimônio líquido (PL), e algum indicador da mesma, como o LAJIDA (EBITDA), receitas operacionais líquidas (ROL), lucro por ação (LPA) ou lucro líquido (LL), com o objetivo de estabelecer comparações com empresas supostamente similares, para fins de avaliação. Os múltiplos pertencem à abordagem da avaliação relativa.

Reforçamos o conceito do indicador contábil-financeiro do LAJIDA (EBITDA), mencionado no capítulo anterior, que é a sigla do lucro antes dos juros, impostos, depreciação e amortização e representa quanto uma empresa gera de recursos por meio de suas atividades operacionais, sem considerar os impostos e outros efeitos financeiros. O conceito equivalente em inglês é o EBITDA, sigla de *earnings before interest, taxes, depreciation and amortization*.

A avaliação por múltiplos considera a existência de empresas comparáveis entre si, e seus indicadores servem como parâmetros para a avaliação entre empresas que atuam na mesma atividade econômica. Todavia, para que a avaliação relativa por múltiplos seja possível, as empresas precisam tornar públicas suas informações gerenciais e operacionais, além de possuir ações negociadas em bolsa. A vantagem da avaliação por múltiplos é possibilidade de realização de um *valuation* mais rápido de uma empresa, sem a necessidade de construção de previsões de fluxos de caixa e do detalhamento de seus fundamentos econômicos (Costa, Costa e Alvim, 2010).

Por exemplo, a relação chamada de P/L (preço/lucro), ou seja, preço de uma ação dividido pelo lucro por ação é um múltiplo. A ideia da avaliação utilizando múltiplos pressupõe que existem empresas semelhantes e que esses múltiplos são semelhantes entre si. A avaliação de uma empresa pelo índice P/L parte da premissa de que as outras empresas do mesmo setor são comparáveis à empresa objeto da avaliação, e que o mercado, em média, precifica essas empresas de modo correto.

Embora não seja a abordagem preferida pelos acadêmicos, pelos motivos expostos, o mercado utiliza bastante as avaliações relativas como coadjuvante do processo de avaliação ou como uma referência de apoio. Isso ocorre porque os múltiplos comparáveis apresentam muita facilidade de "cálculo", decorrente daquela premissa equivocada da existência de empresas exatamente idênticas, que, na verdade, não existem. Vale ressaltar que não existem empresas iguais porque cada firma possui políticas próprias de gestão administrativa, financeira e de recursos humanos; perfis particulares de risco e retorno; planos de contas diferentes, entre outras características individuais.

Os múltiplos generalizam as avaliações e isso pode levar, na melhor das hipóteses, a aproximações ou faixas de valores. Por exemplo, no caso da avaliação de ações de uma sociedade anônima, a vantagem do índice P/L é sua simplicidade e consequente facilidade de aplicação, pois o analista pode, no máximo, ter uma ideia razoável de uma faixa de valores para as ações em análise somente com base na informação do lucro projetado do exercício pela seguinte expressão:

$$P/L = \frac{P_m}{LPA} \qquad (16)$$

onde:
- P_m é o preço de mercado da ação;

- LPA é o lucro por ação, dado pela divisão entre o lucro líquido da empresa (LL) e o número de ações emitidas pela empresa (NA), ou seja, LPA = LL / NA.

Ainda para a avaliação de ações de empresas por múltiplos, podemos utilizar o princípio de perpetuidade mostrado pela expressão 2, quando conhecemos a previsão atual dos dividendos a serem pagos aos acionistas (DIV) e a taxa de crescimento estimada da empresa (g), bem como a taxa de retorno exigida pelos acionistas (k), pela seguinte expressão:

$$P/L = \frac{Payout \cdot (1+g)}{k-g} \qquad (17)$$

onde:
- *payout* = DIV / LPA;
- DIV é o dividendo anual previsto;
- LPA é o lucro contábil por ação;
- g é a taxa de crescimento estimada para a empresa;
- k é a taxa de juros de retorno exigida pelos acionistas.

No caso de avaliação de empresas por múltiplos, o princípio é o mesmo da expressão 16, mas o numerador é substituído pelo valor contábil, por exemplo, o patrimônio líquido (V), e o denominador, por algum tipo de lucro contábil, como o LAJIDA (EBITDA), receita operacional líquida (ROL) ou lucro líquido (LL). Os exemplos a seguir mostram aplicações da avaliação por múltiplos.

Exemplo 35

A Império Serrano S.A. deseja estimar o valor justo de suas ações, para o próximo ano, e conhecer a atratividade dessas ações, com base na comparação com as empresas que atuam em seu segmento de mercado, que lhe são semelhantes, a partir das seguintes abaixo. A Império Serrano S.A. possui 1.500.000 ações no mercado, seu lucro líquido projetado para o próximo ano é de R$ 2.250.000 e, atualmente, suas ações estão cotadas no mercado por R$ 25,11.

Empresa	Cotação da ação	Lucro líquido	Número de ações	Índice P/L
Real	R$ 13,12	R$ 1.200.000,00	1.100.000	12,49
Joia da Coroa	R$ 15,90	R$ 2.900.000,00	2.500.000	13,71
Castelo Real	R$ 3,26	R$ 2.000.000,00	9.000.000	14,67
Princesa da Serra	R$ 17,92	R$ 5.300.000,00	2.000.000	6,76

Observe que a empresa Princesa da Serra pode ser considerada uma *outlier*, pois apresenta um índice P/L fora do padrão das demais empresas do setor. Esse fato denota que algo de muito particular está acontecendo com a empresa Princesa da Serra que a torna diferente no setor, não, necessariamente, de forma positiva. Na avaliação por múltiplos, então, decidimos trabalhar com os demais índices P/L, cujo índice médio é igual a 13,62. Assim, pela expressão 16, achamos o P_0 da Império Serrano, por comparação:

LPA = Lucro líquido / Número de ações = R$ 2.250.000 / 1.500.000 = R$ 1,50

P/L = P_m / LPA → P_0 = R$ 1,50 × 13,62 = R$ 20,43 / ação ◄ Valor justo por múltiplos comparáveis

Como P_0 = R$ 20,43 < P_m = R$ 25,11 → Recomendação de venda para os detentores das ações; para os investidores, não comprar agora ◄ Atratividade da ação (quadro 11)

Exemplo 36

Em 2015, o Grupo Carioca S.A. teve um LPA de R$ 32,15 e pagou R$ 9,05 por ação naquele ano, como dividendos, e espera uma taxa de crescimento de 4,5% ao ano, nos lucros e dividendos, no longo prazo. O beta do Grupo Carioca S.A. é de 0,85. Estime o índice P/L do Grupo Carioca S.A., considerando a taxa livre de risco de 5,5% ao ano e o prêmio de mercado de 7,5% ao ano.

Pela expressão 3, do CAPM, encontramos o custo do capital próprio da empresa (k_e):
k_e = R_f + B . (R_m − R_f) = 5,5% + 0,85 . (7,5%) = 11,88% a.a.

Com utilização da expressão 17: P/L = *Payout* . (1 + g) / (k − g)
Payout = DIV / LPA = 9,05 / 32,15 = 0,2815
P/L = 0,2815 . (1 + 0,045) / (0,1188 − 0,045) = 3,99
P/L = 3,99 ◄

Exemplo 37

A Carioca Alimentos Ltda apresentou lucros correntes de R$ 28,50 milhões, em 2015, e espera-se um crescimento dos lucros de 10%, ao longo dos próximos cinco anos. A relação D/E da empresa é de 40%. Os índices P/L para as empresas no setor de alimentos, com ações negociadas em bolsa, são mostrados no quadro abaixo. Avalie o *equity* da Carioca Alimentos pelo índice P/L e compare com a avaliação feita pelo método do FCD, realizado por uma consultoria especializada em *valuation*, que apontou um valor de R$ 464,04 milhões. Considere a taxa livre de risco de 5% a.a., o prêmio de mercado de 7,% a.a. e o IR de 30%.

Empresa	Beta	Dívida / PL D/E	Índice P/L	Índice payout	Crescimento esperado g
Indústria Mundo Novo	1,28	60,45%	12,60	6,25%	5,50
Montreal Foods	1,52	248,72%	28,12	16,78%	10,00
Novo Paladar	1,08	90,44%	17,14	7,44%	25,00
São Paulo Industrial	1,15	8,14%	42,74	4,05%	7,50
Central Comestíveis	1,12	37,18%	22,42	48,11%	10,00
Alimentos Brasil	1,35	28,12%	15,70	2,54%	12,50
Média	1,25	78,84%	23,12	14,20%	11,75

Por comparação, vamos utilizar os índices médios para a Carioca Alimentos Ltda.:
Desalavancar o beta médio do setor, pela relação D/E média, utilizando a expressão 4
$\beta_U = \beta_L / [1 + (1 - IR) . D/E] = 1,25 / [1 + (1 - 0,30) . 0,7884] = 0,81$ ◄ β_U da Carioca Alimentos

Realavancar o β_U da Carioca Alimentos pela relação D/E da Carioca Alimentos, utilizando a expressão 4
$\beta_L = \beta_U . [1 + (1 - IR) . D/E] = 0,81 . [1 + (1 - 0,30) . 0,40] = 1,04$ ◄ βL da Carioca Alimentos

Pela expressão 3 do CAPM, encontramos o custo do capital próprio da Carioca Alimentos (k_e):
$k_e = R_f + \beta . (R_m - R_f) = 5\% + 1,04 . (7\%) = 12,28\%$ a.a. ◄ k_e da Carioca Alimentos

Vamos utilizar a avaliação por múltiplos para encontrar o valor da Carioca Alimentos.

Podemos utilizar a expressão 17, a partir do *payout* médio do setor de alimentos:
P/L = *payout* . (1 + g) / (k - g) → P/L = 0,1420 . (1 + 0,10) / (0,1228 - 0,10) = 6,85 ◄ P/L da Carioca

Considerando o P_m como o valor de todas as ações da Carioca Alimentos e o LPA como os lucros correntes da empresa, utilizamos a expressão 16 para achar o valor da empresa por múltiplos comparáveis:
P/L = P_m / LPA → P_m = LPA × P/L = R$ 28,5 milhões × 6,85 = R$ 195,23 milhões ◄ Valor da Carioca

Outra forma mais simples, seria utilizando o índice P/L médio do setor de alimentos e a expressão 16:
P/L = P_m / LPA → P_m = LPA × 23,12 = R$ 28,5 milhões × 23,12 = R$ 658,92 milhões ◄ Valor da Carioca

Encontramos dois valores para o *equity* da Carioca Alimentos, por múltiplos comparáveis. O primeiro valor está bem inferior ao valor determinado pelo FCD, de R$ 464,04 milhões, e o segundo, bem superior.

A razão dessa disparidade entre os valores encontrados pode ser o fato de que as empresas negociadas em bolsa estejam supervalorizadas ou que a amostra de empresas utilizada tenham índices *payout* e D/E superiores que a Carioca Alimentos. Isso comprova o cuidado que devemos ter ao optar pela avaliação por múltiplos, cujas retrições foram ressaltadas neste livro. Geralmente, a avaliação por FCD é considerada para o *valuation* de empresas. ◄

Avaliação pelos fluxos de caixa descontados

Essa abordagem entende que o valor de um ativo está relacionado com sua capacidade de geração de caixa no futuro. Assim, o avaliador precisa prever, estimar ou projetar a geração futura de caixa para o ativo e calcular seu valor presente na data zero. Além disso, para o cálculo do valor presente, o avaliador tem de considerar uma taxa de desconto, que depende do tipo de ativo. No caso de investimentos em ações ou em análises de projetos, pelo ponto de vista do acionista, a taxa de desconto deve levar em conta a taxa livre de risco adicionada de uma taxa que represente o nível de risco do ativo em relação a outros ativos da economia, como foi abordado no capítulo 2. No caso de avaliação de empresas, essa taxa de desconto deve ser a taxa média de juros que financia as atividades da empresa em estudo, como também foi mostrado no capítulo 2.

Damodaran (2007) enfatiza a importância da avaliação pelos métodos que utilizam os fluxos de caixa descontados, que deve ser vista como a base de construção de todas as outras abordagens de avaliação, inclusive a avaliação relativa.

Suponhamos a avaliação de uma fazenda para a qual estimamos uma geração de caixa líquida anual, constante, de R$ 100 mil por ano, indefinidamente, e que a taxa adequada para descontar o fluxo de caixa líquido seja de 25% a.a. Pela expressão 2, que é a fórmula da matemática financeira para a perpetuidade de um valor constante no tempo, quando o crescimento g é zero, o valor presente desse fluxo equivale a R$ 400 mil. Portanto, considerados os fluxos de caixa líquidos gerados pela fazenda anualmente, podemos dizer que ela vale R$ 400 mil. Devemos notar que, se as previsões dos fluxos de caixa ou a estimativa da taxa de desconto usada para o cálculo do valor da fazenda se modificar, o valor da fazenda será automaticamente alterado pelo modelo.

É importante que tenhamos a compreensão de que o único elemento que atribui valor a esses ativos, pelos métodos de fluxos de caixa descontados, é a capacidade de geração de fluxos de caixa no futuro. Por outro lado, sabemos que o futuro é sempre uma incógnita, e o valor do ativo dependerá, portanto, da expectativa com relação ao seu futuro, das premissas e cenários criados.

Modelo do desconto de dividendos

Se comprarmos uma ação, o que poderemos esperar ganhar com ela? Há dois tipos de ganhos possíveis. O primeiro se refere aos dividendos que essa ação pagará no futuro. Os dividendos são valores em dinheiro pagos pelas companhias que emitem ações; logo, nada mais são do que a distribuição, entre os acionistas, de parte do lucro obtido num determinado período. Isso está em perfeita consonância com o objetivo de qualquer empresa, que é a maximização da riqueza de seus proprietários. No caso de uma sociedade por ações, os proprietários são acionistas. Não se esqueça de que a ação é um ativo infinito, em princípio, pois partimos da premissa de que a empresa jamais acabará e continuará gerando dividendos, permanentemente. São as empresas em continuidade.

Outro ganho que o acionista pode ter está vinculado ao valor de venda de uma determinada ação, num determinado instante. Suponhamos que estejamos avaliando uma ação da Petrobras, num dado momento. Como o valor da ação depende de quem a avalia, e não de quem a possui, mesmo que ela troque de dono, seu valor será o mesmo. Ora, se ela permanecer com o mesmo agente financeiro, e este não tiver a intenção de vendê-la, todo o valor deverá estar contido nos dividendos futuros que serão recebidos. Se ela vier a mudar de mãos, o novo dono estará disposto a pagar por ela em função do fluxo de dividendos que poderá receber dali em diante.

Assim, o único fato que atribui valor a uma ação é o fluxo infinito de dividendos que dela se pode esperar. O cálculo do preço justo para a ação no futuro dependerá, tão somente, das expectativas dos dividendos a serem pagos dali em diante. Em outras palavras, a cada momento, o valor de uma ação é dado pelo valor presente dos dividendos que ela poderá render no futuro, cuja fórmula de cálculo tem por base a expressão 1, com n tendendo ao infinito, situação que produz a seguinte expressão:

$$P_0 = \frac{DIV_1}{(1+k)^1} + \frac{DIV_2}{(1+k)^2} + \cdots + \frac{DIV_t}{(1+k)^t} + \cdots \infty \qquad (18)$$

onde:
- P_0 é o preço da ação que o investidor acredita ser justo, consideradas suas estimativas de dividendos futuros;
- DIV_t indica os dividendos esperados para os períodos futuros;
- k é a taxa de retorno exigida pelos investidores para manter a ação em suas carteiras, que é equivalente ao custo de capital próprio da empresa.

Observemos que cada investidor projetará um valor diferente para cada dividendo, bem como poderá exigir uma taxa de retorno distinta. Se considerarmos um investidor típico do mercado, sabe que ele estará exigindo uma taxa que pode ser estimada pelo modelo CAPM, visto no capítulo 2. Observemos, também, que, após certo ponto do tempo, a potência da expressão 18 se tornará tão grande que os dividendos futuros contribuirão pouco para o valor da ação, ou seja, os primeiros dividendos terão um peso maior na composição do valor. Isso é conveniente, pois à medida que nos afastamos no tempo, a previsão dos dividendos futuros será mais difícil. Podemos afirmar, então, que o valor presente do dividendo t corresponde a $DIV_t / (1 + k)^t$, pela conhecida fórmula da matemática financeira. Assim, o fator que multiplica o dividendo reduz seu valor presente a um percentual do valor do dividendo. Se os dividendos forem anuais e, por exemplo, o investidor exigir um retorno de 20% a.a., o primeiro dividendo terá 83,3% do seu valor considerado no valor da ação, visto que cada unidade do dividendo será dividida pelo fator $(1 + 0{,}20)^1$, que é igual a 0,833.

Seguindo o mesmo raciocínio, o dividendo do ano 10 terá apenas 16,2% do seu valor considerado no valor da ação; o do ano 20, apenas 2,6%, e assim sucessivamente. No caso do ano 50, apenas 0,012% do valor do dividendo será considerado no valor da ação. Isso mostra uma propriedade interessante dos modelos baseados no fluxo de caixa descontado: os períodos mais próximos da data atual têm um peso substancialmente maior na composição do valor do que os períodos mais afastados.

Modelo de Gordon

Brealey e Myers (2013) apresentam o Modelo de Gordon como um modelo do desconto de dividendos, proposto, inicialmente, por J. B. Williams, mas que deve seu nome à M. J. Gordon, que foi o responsável por sua divulgação. A expressão 18 mostra a necessidade de projetar todos os dividendos futuros, ou pelo menos grande parte deles, até que seu peso na composição do valor se torne insignificante. De qualquer forma, isso não é nada prático. Segundo Williams, poderíamos considerar que uma empresa em crescimento pagaria dividendos crescentes ao longo do tempo. Assim, ele formulou a hipótese de que esses dividendos cresceriam a uma taxa constante g. Com isso, para o cálculo do preço justo de uma ação, o analista só precisa determinar o primeiro dividendo esperado (DIV_1) e a taxa constante de crescimento do dividendo.

Na prática, Williams criou um modelo baseado numa série perpétua em gradiente uniforme, cuja fórmula matemática é idêntica à expressão 2, com mudança apenas das nomenclaturas de seus elementos, conforme segue:

$$P_0 = \frac{DIV_1}{k-g} \tag{19}$$

onde:
- P_0 é o preço da ação que o investidor acredita ser justo;
- DIV_1 indica o primeiro dividendo esperado para a ação considerada;
- k é a taxa de retorno exigida pelos investidores para manter a ação em suas carteiras, que é equivalente ao custo de capital próprio da empresa;
- g é a taxa de crescimento geométrico constante, esperado para os dividendos da ação.

O Modelo de Gordon é simples e tem o grande mérito de permitir a fácil compreensão do impacto das diversas variáveis na formação do preço justo de uma ação. Podemos perceber, claramente, que um aumento na distribuição dos dividendos provocará um aumento no valor da ação. Supondo que a taxa de crescimento g esteja preestabelecida, um aumento na exigência de retorno por parte do acionista provocará uma queda no preço da ação. Isso costuma acontecer sempre que o investidor percebe um risco crescente no mercado, pois ele passa a exigir um retorno maior e, consequentemente, as ações perdem valor, como de fato observamos em momentos de turbulência, quando as bolsas de valores costumam apresentar queda nos seus índices (Brigham, Gapenski e Ehrhardt, 2001).

O modelo também permite perceber que, quando a empresa aumenta a distribuição de dividendos, por um lado o numerador do modelo aumenta e o preço justo da ação tende também a aumentar;

por outro lado a empresa contará com menos recursos para investir e, por conseguinte, tenderá a crescer menos, gerando menos lucros e diminuindo a taxa g, situação que aumenta a parcela (k − g) e tende a provocar uma queda no preço justo da ação.

O contrário também é verdadeiro. Quando uma empresa distribui pouco dividendo, o modelo mostra que o numerador tende a diminuir, "puxando" o valor para baixo. Em contrapartida, sobrarão mais recursos para serem investidos e g tenderá a crescer, diminuindo a parcela (k − g) e "puxando" o valor da ação para cima. Isso mostra bem a importância da política de dividendos da empresa – quanto distribuir de lucros *versus* quanto reter de lucros para posteriores investimentos. A melhor política é a que equilibra a distribuição de dividendos com a retenção de lucros, pois permite maximizar o valor de uma ação, produzindo mais riqueza para os acionistas.

A utilização do Modelo de Gordon é adequada tão somente para empresas que estejam crescendo a uma taxa estável, o que limita muito seu uso. O próximo exemplo mostra uma aplicação desse modelo.

Exemplo 38

A Leme S.A., que já atingiu certa estabilidade no seu crescimento, prevê para o próximo ano o pagamento de um dividendo de R$ 0,45 por ação. Considerando que o mercado estima a taxa de crescimento dos dividendos da empresa em 3% ao ano, estime o preço justo da ação da Leme S.A., para uma taxa de retorno exigida pelos investidores de 15% ao ano. Avalie a atratividade das ações da Leme S.A., sabendo-se que a cotação de mercado atual dessas ações gira em torno de R$ 2,87.

Com utilização da expressão 19, temos:
$P_0 = DIV_1 / (k − g) = 0,45 / (0,15 − 0,03) = 3,75 \rightarrow P_0 = 3,75$ ◄

Para avaliarmos a atratividade das ações da Leme S.A., utilizamos as regras do quadro 10, para P_m = 2,87. Assim, como $P_0 > P_m$, os detentores das ações da Leme S.A. não devem vender suas ações e, se quiserem aumentar seus investimentos, comprar mais ações. Por outro lado, os investidores do mercado não devem comprar as ações da Leme S.A., por enquanto, pois estão superavaliadas. ◄

O Modelo de Gordon pressupõe uma taxa de crescimento dos dividendos que se mantém constante até o infinito, e isso pode nos levar à conclusão de que a taxa de crescimento dos lucros da empresa deverá ser, no mínimo, igual à taxa de crescimento dos dividendos; caso contrário, não seria possível manter a taxa de crescimento dos dividendos no mesmo nível até o infinito. Para os lucros se manterem em crescimento infinitamente, é preciso que a taxa de crescimento dos dividendos seja menor que a taxa média de crescimento da economia como um todo, para que isso não seja uma situação absurda. Suponhamos que a taxa de crescimento seja de 5% a.a. indefinidamente. Isso significa que os lucros da empresa teriam de crescer indefinidamente a uma taxa de, pelo menos, 5% a.a. Se a empresa estiver inserida numa economia que cresce menos que isso, como estamos lidando com perpetuidade chegaremos ao absurdo de "para sempre" os lucros da empresa crescerem mais que a economia, o que, a certa altura, levaria essa empresa a ocupar a totalidade da economia. Portanto, a própria conjuntura econômica limita a taxa de crescimento dos dividendos à taxa média de crescimento da economia na qual a empresa está inserida.

Modelo do fluxo de caixa descontado

O fluxo de caixa descontado (FCD) é a metodologia mais utilizada para determinação do valor de empresas para fins de fusões, aquisições, cisões, compra e venda de participações, abertura e fechamento de capital, análise de novos investimentos e determinação do "preço justo" de ações.

A ideia central do FCD é valorizar a empresa conforme sua capacidade de gerar benefícios futuros e, nesse sentido, parte do princípio de que o valor da empresa está diretamente vinculado ao fluxo de caixa operacional projetado ou previsto de suas operações ao longo de toda sua vida útil. Por isso, o FCD somente é aplicado para a estimativa do valor de empresas em continuidade, ou seja, que tenham "futuro". Na prática, devemos considerar uma empresa como um projeto que não termina.

O FCD, pela ótica da organização, é o valor presente do fluxo de caixa líquido e não alavancado de uma empresa, descontado à taxa de juros representativa do custo dos capitais que a financiam, ou seja, o CMPC. Assim, em outras palavras, devemos prever o fluxo de caixa livre da empresa, o FCLE, visto no capítulo 3, e calcular seu valor presente utilizando como taxa de desconto o CMPC.

O modelo do FCD serve para avaliar o valor de toda a empresa, descontando os fluxos de caixa projetados para todos os detentores de direitos sobre ela, por meio do CMPC, como já foi colocado no capítulo 4. Uma empresa é composta de todos os seus detentores de direitos e inclui, além dos investidores em patrimônio líquido, os detentores de obrigações e acionistas preferenciais. Essa é a razão pela qual o FCLE pertence aos credores e aos acionistas, e a taxa de juros adequada para o desconto do FCD é uma combinação dos custos de ambas as fontes de recursos, ou seja, o CMPC. Na prática, o FCLE é o resultado anual previsto que a empresa poderá fornecer continuadamente aos seus provedores de capital. Por isso, o FCLE não contempla a alavancagem financeira em sua estrutura. (Damodaran, 2007).

Como já foi mostrado no capítulo anterior, há importantes diferenças conceituais entre os fluxos de caixa de empresa e de projetos. Portanto, deveremos seguir alguns princípios e premissas e atentar para alguns aspectos particulares, conforme segue.

Sabemos que as empresas podem sofrer mudanças bruscas de rumo, mas, na maioria das vezes, o passado recente condiciona fortemente o futuro da empresa, mesmo que seja muito perigoso acreditarmos nisso. Assim, precisamos ter coerência entre as previsões que fazemos e os valores realizados no passado recente da empresa. Devemos saber que pode ocorrer uma ruptura na economia, quando algum acontecimento importante, do ponto de vista econômico, põe fim ao relacionamento coerente entre passado e presente. Geralmente, nas previsões de fluxos de caixa de empresas, devemos imaginar que não haverá ruptura econômica no período projetado, para que possamos utilizar o passado como base para previsão do futuro. Da mesma forma, não devemos buscar no passado informações anteriores a uma situação de ruptura econômica, pois elas perdem qualquer significado em termos de presente e futuro. No Brasil, por exemplo, não há nenhum sentido em buscar dados no passado, além da data do Plano Real, porque a economia anterior a esse plano não guarda qualquer relação com a economia atual.

Uma previsão só tem sentido quando ganha credibilidade no mercado. Não importa se a previsão é verdadeira ou não, mas se é crível. Portanto, é muito importante que haja uma lógica baseada no senso comum para que se possa fazer uma previsão. Certas previsões, embora corretas, podem ser ignoradas pelo mercado e por todos a quem elas se destinam se não tiverem credibilidade com base no senso comum.

O fato de a empresa "não terminar", ou seja, ser tratada como uma perpetuidade, diferentemente dos projetos, que são finitos, ressalta a questão da definição da taxa de crescimento a ser considerada quando o avaliador especula sobre seu futuro distante. O mercado de avaliação entende, de modo geral, que, no longo prazo, não tem sentido considerar o crescimento da empresa além de seu crescimento vegetativo, isto é, de reposição dos ativos que se vão tornando obsoletos. Isso porque, em regra, em longo prazo, as empresas obtêm uma condição de equilíbrio imposta pela concorrência e pelas limitações de tamanho do mercado. Assim, a partir de uma determinada data no futuro, consideramos que a empresa terá crescimento líquido zero. Em seguida, consideramos que ela obterá margens constantes, giros constantes e retornos constantes sobre o capital investido. A empresa investirá tão somente para repor a depreciação e se manter em perfeito funcionamento. A partir desse ponto, ela obterá um retorno igual ao custo médio ponderado de capital, em qualquer projeto que venha a executar. Em outras palavras, em termos reais, o fluxo de caixa livre será constante. Em suma, o valor presente do fluxo de caixa livre da empresa após essa data é denominado valor residual (VR), ou valor terminal, ou, em inglês, *continuing value*.

Na prática das avaliações de empresa, os analistas definem um horizonte de previsão n, geralmente entre cinco e 10 anos, e elaboram o FCLE dentro desse horizonte, de forma detalhada. Após esse período de previsão, eles estimam o VR da empresa, a partir do último período de previsão, aumentado pela expectativa de crescimento g para os anos futuros em perpetuidade. Matematicamente, o VR é o valor presente de uma série perpétua, com crescimento constante, cujo início ocorre no primeiro período após o período de previsão definido, ou seja, período (n – 1). O VR é extremamente importante na avaliação de uma empresa, pois, em certos casos, grande parte do valor dela pode ser explicada pelo valor presente da perpetuidade. O VR de uma empresa em continuidade pode ser estimado pela expressão abaixo.

$$VR = \frac{FCLE_n \cdot (1+g)}{CMPC - g} \qquad (20)$$

onde:
- VR é o valor residual ou valor da perpetuidade da empresa;
- $FCLE_n$ é o fluxo de caixa livre da empresa no último período de previsão;
- g é o crescimento esperado para a perpetuidade;
- CMPC é o custo médio ponderado do capital.

Para que possamos visualizar o fluxo de caixa para fins de avaliação de empresas, a figura 8 mostra a representação esquemática de FCLE com um horizonte de previsão de cinco anos.

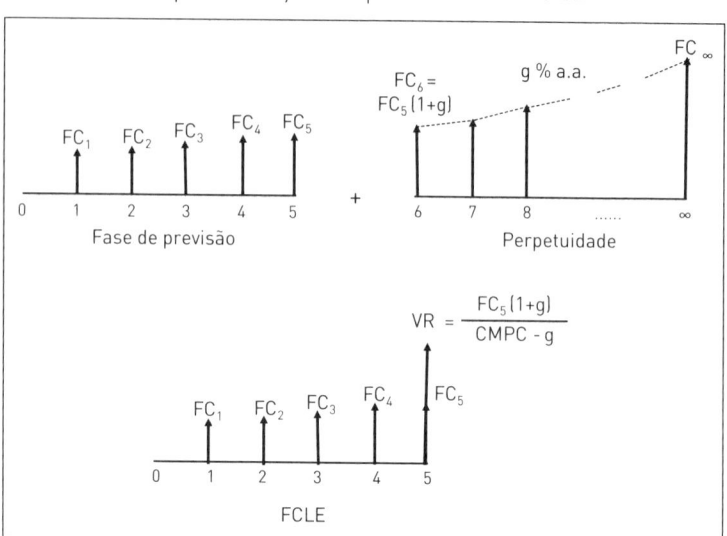

Figura 8
Representação esquemática do FCLE

Dessa forma, o valor da empresa (VE), pelo cálculo do FCD, pode ser calculado pela seguinte expressão:

$$VE = \frac{FCLE_1}{(1+CMPC)^1} + \frac{FCLE_2}{(1+CMPC)^2} + \cdots + \frac{FCLE_n + VR}{(1+CMPC)^n} \quad (21)$$

onde:
- $FCLE_n$ é o fluxo de caixa livre da empresa, em cada ano, dentro do período de previsão, entre cinco e 10 anos;
- VR é o valor residual da empresa, no último ano do período de previsão;
- CMPC é a taxa de juros de desconto, que representa o custo médio ponderado dos capitais que financiam a empresa.

No capítulo 3, abordamos a razão pela qual o FCLE deve ser desalavancado, mas vamos reforçar esse importante conceito. A maioria das empresas mantém dívidas com os fornecedores de capital de terceiros, ou seja, instituições financeiras nacionais e internacionais, e essas dívidas não entram na composição do FCLE, pois não influenciarão o valor da empresa. Quando o FCLE é elaborado, somente as previsões de entradas e saídas operacionais de caixa devem ser levantadas, inclusive os investimentos. Devemos nos lembrar de que o valor da empresa está vinculado à capacidade que ela tem de gerar riqueza, independentemente de como essa riqueza será financiada. Por isso, o CMPC é utilizado como taxa de desconto do FCD, pois representa o custo médio ponderado dos capitais que financiarão essa geração de riqueza. Entretanto, existe a questão do passivo real, em termos de valor presente, ou seja, quanto a empresa deve no momento da sua avaliação. Essa dívida deverá ser abatida do valor que for encontrado pelo FCD se o objetivo for determinar o valor da propriedade da empresa, o que pode ser chamado de valor do capital próprio ou estimativa do patrimônio líquido da empresa. O valor dessa dívida deve ser avaliado em termos de mercado, e não apenas em termos contábeis, embora muitas vezes, para simplificar, os analistas considerem o valor contábil igual ao valor de mercado.

Em resumo, o valor do *equity* ou patrimônio líquido de uma empresa (E), pelo modelo do FCD, pode ser entendido como o valor de suas ações ou cotas, isto é, o valor do capital próprio. Esse valor da empresa (VE), também chamado no mercado de valor econômico da empresa, pode ser resumido como o valor presente dos fluxos de caixa livres anuais definidos dentro do horizonte de previsão mais o valor presente, no ano zero, do valor residual da empresa, menos o valor presente da dívida da empresa, avaliada a preços de mercado (D), conforme a seguinte expressão:

$$E = VE - D \tag{22}$$

onde:

- VE é o valor da empresa pelo FCD;
- D é o valor presente da dívida da empresa.

Na realidade, o E pode ser considerado o preço justo (P_0) do *equity* da empresa. No caso de sociedades por ações, que negociam seus papéis em bolsas de valores, podemos encontrar, em dado momento, o P_0 dessas ações para verificação de sua atratividade apenas com a divisão de E pelo número de ações emitidas pela empresa. Se manipularmos a expressão 22, veremos que VE é soma de E e D, ou seja, o valor da empresa é a soma do seu *equity* e sua dívida. O exemplo 39 mostra uma aplicação simplificada do FCD.

Exemplo 39

A Indústria São Conrado S.A. está estudando a viabilidade de compra da Comercial Barra S.A. Para isso, contratou uma consultoria especializada que projetou o seguinte fluxo de caixa desalavancado líquido da empresa a ser adquirida, para o horizonte de cinco anos, em milhões de reais constantes: ano 1 = 2,0; ano 2 = 2,5; ano 3 = 2,5; ano 4 = 3,0; ano 5 = 4,0. Estime o valor justo da Comercial Barra S.A. pelo método do FCD, considerando os seguintes dados: taxa sem risco definida em 7% a.a.; prêmio de mercado estimado em 7% a.a.; beta alavancado de 1,15; crescimento esperado de 2,5% a.a. na perpetuidade, a partir do sexto ano. Os últimos balanços patrimoniais da empresa mostram que o seu patrimônio líquido corresponde, em média, a 35% do passivo total. O custo médio de captação de empréstimos da Indústria São Conrado é de 10% a.a. O valor presente das dívidas da Comercial Barra foi estimado em R$ 11,5 milhões. A alíquota de IR da empresa é de 30%. Qual deve ser a decisão a ser tomada pela Indústria Botafogo, sabendo-se que a Comercial Barra está sendo vendida por R$ 30 milhões? Comprar ou não?

Pela expressão 3, do CAPM, temos o custo do capital próprio da Indústria São Conrado S.A.:
$k_e = R_f + \beta \cdot (R_m - R_f) = 7\% + (7\%) \cdot 1,15 = 15,05\%$ a.a.

Pela expressão 7, temos o CMPC da Indústria São Conrado:
CMPC = $k_e \cdot w_e + k_d \cdot (1 - IR) \cdot w_d$ = 15,05% . 0,35 + 10% . (1 – 0,30) . 0,65 = 9,82% a.a.

Pela expressão 20, temos o VR da Comercial Barra S.A.:
VR = $FCLE_n \cdot (1 + g) / (CMPC - g)$ = [4,0 . (1,025)] / (0,0982 – 0,025) = R$ 56,01 milhões

Pela expressão 21, temos o FCD, que corresponde ao VE da Comercial Barra S.A.:
VE = $2,0/(1,0982)^1 + 2,5/(1,0982)^2 + 2,5/(1,0982)^3 + 3,0/(1,0982)^4 + (4,0 + 56,01)/(1,0982)^5$
VE = R$ 45,41 milhões

Pela expressão 21, temos o valor justo do *equity* da Comercial Barra S.A.:
D = R$ 11,5 milhões
E = 45,41 – 11,5 → E = R$ 33,91 milhões ◄ P_0

Pelas regras do quadro 4, como P_0 = R$ 33,91 milhões > P_m = R$ 30,00 milhões →
COMPRAR ◄

Em última análise, Costa, Costa e Alvim (2010) concordam que o modelo de avaliação baseado no fluxo de caixa da empresa, ou seja, o modelo do FCD, é mais abrangente no que se refere à modelagem de informações relevantes do ponto de vista econômico e financeiro, o que torna esse modelo o preferido nas tarefas de valoração de empresas. Entretanto, esses autores ressaltam que é preciso muito conhecimento sobre o negócio a ser avaliado, bem como uma correta interpretação dos dados da empresa, além de muito conhecimento sobre economia e estratégia empresarial.

Avaliação de projetos de investimentos

No caso da avaliação de um projeto de investimento, também considerado um ativo, igualmente utilizamos um método de fluxo de caixa descontado, o VPL. Então, em avaliação de projetos determinamos o VPL e demais métodos quantitativos de análise, conforme mostrado no capítulo 4, considerando o fluxo de caixa livre do projeto, segundo o ponto de vista do capital próprio (FCLA), como foi mostrado no capítulo 3.

A diferença básica entre avaliar um projeto de investimento e uma empresa está na composição do fluxo de caixa e na taxa de desconto utilizada. Como foi abordada no capítulo 3, a avaliação de um projeto trabalha com o FCLA, e a taxa de desconto é a TMA, que se refere ao capital próprio (k_0 ou k_e, dependendo da estrutura de capital do projeto).

No caso da avaliação de uma empresa, trabalhamos com o FCLE, sempre desalavancado, e a taxa de desconto é o CMPC, que se refere ao custo médio dos capitais que financiarão as atividades da empresa. No entanto, podemos avaliar uma empresa, de forma alternativa, por meio do FCLA, utilizando como taxa de desconto a TMA do capital próprio, isto é, k_0 ou k_e, na mesma linha conceitual apresentada nos capítulos anteriores. Não nos aprofundaremos nesse modelo de avaliação de empresas pelo FCLA, pois entendemos que a avaliação de empresas pelo FCLE seja suficiente para cumprir os objetivos aqui propostos, ainda mais porque esse modelo é o mais recomendado no mercado.

Resumo do capítulo

Apresentamos neste capítulo os fundamentos básicos para a avaliação de empresas, que, na prática, podem ser aplicados a qualquer ativo. Tivemos a preocupação de mostrar que os métodos de fluxos de caixa descontados são os mais importantes e utilizados no mercado para as avaliações de empresas.

Conclusão

Podemos concluir que o tema finanças corporativas é bastante extenso, porém simples do ponto de vista matemático, visto que, para a resolução de suas expressões, utilizamos apenas a matemática do ensino fundamental. As finanças são importantes para o dia a dia de qualquer empresa ou pessoa, e vimos que todas as decisões que envolvam investimentos podem ser medidas e avaliadas. O estudo das finanças permite que imaginemos os prováveis resultados das decisões financeiras e, logo, podemos tomar a decisão de aceitar ou rejeitar projetos, aportar mais dinheiro ou postergar investimentos.

Sem as informações aqui apresentadas, o êxito dos projetos de investimento e dos negócios empresariais dependeria unicamente da sorte. Graças às técnicas financeiras, podemos tomar decisões realmente embasadas por estudos conceitualmente consistentes, mesmo dentro de um contexto de risco, fato inerente à vida empresarial.

Cabe ressaltar que as ferramentas, técnicas, conceitos, métodos e modelos mostrados neste livro servem para a análise e avaliação de qualquer tipo de projeto de investimento e empresa, desde um pequeno negócio até uma indústria, comércio, prestadora de serviços e outros ativos de médio e grande portes.

O objetivo deste livro foi despertar o interesse do leitor por esse tema fascinante, abrir as portas para o entendimento da lógica que governa as decisões dos investidores e mostrar a importância do conhecimento das finanças no cotidiano das empresas e das pessoas.

Apêndice A
Fundamentos básicos de matemática financeira

A matemática financeira tem o objetivo de estudar o valor do dinheiro no tempo nas aplicações de capital, pagamentos de empréstimos e outras movimentações de dinheiro na economia.

Neste apêndice, apresentaremos os fundamentos básicos da matemática financeira, de maneira a suportar matematicamente o aprendizado das finanças corporativas, tema desta obra. Dessa forma, abordaremos o conceito do valor do dinheiro no tempo, o diagrama dos fluxos de caixa, os tipos de capitalização dos juros – simples e composto –, a relação entre capitais a juros compostos, valor presente e acumulação de capital, e as taxas de juros nominais, efetivas e equivalentes.

Definição de taxa de juros

A taxa de juros pode ser definida como o preço pago pela dívida, quando tomamos dinheiro emprestado. Na prática, numa economia livre, o capital tem custo e, para ser alocado de diversas formas, como investimento, poupança ou empréstimo, obedece a um sistema de preço. O custo do dinheiro, e consequentemente seu preço, expressado pela taxa de juros, é afetado por quatro fatores fundamentais: oportunidades de produção, preferências temporais de consumo, risco e inflação. A taxa de juros sofre aumento em ambientes de risco elevado e alta inflação, e pode diminuir na situação inversa (Brigham, Gapenski e Ehrhardt, 2001).

De forma geral, uma taxa de juros é apresentada em bases anuais, podendo também ser utilizada em bases semestrais, trimestrais, mensais ou diárias, e representa o percentual de ganho realizado na aplicação do capital em algum negócio, investimento ou empreendimento.

Por exemplo, uma taxa de juros de 10% ao ano (a.a.) indica que para cada real aplicado, um adicional de R$ 0,10 deve ser retornado após um ano, como remuneração pelo uso daquele capital. Essa regra vale para qualquer unidade monetária.

A taxa de juros, simbolicamente representada pela letra k, pode ser também apresentada na forma unitária, ou seja, a taxa percentual dividida por 100. No caso de uma taxa de 15% ao mês (a.m.) por exemplo, a forma unitária é 0,15, ou seja, para cada unidade de capital são pagos 15 centésimos de unidades de juros. A forma unitária é utilizada em todas as expressões de cálculo da matemática financeira. Recomendamos atenção para as conversões de outras taxas, tais como 0,5% a.m., 157,62% a.t. e 2.435,11% a.a. Nesses casos, as formas unitárias são, respectivamente, 0,005, 1,5762 e 24,3511.

O valor do dinheiro no tempo

O conceito do valor do dinheiro no tempo surge da relação entre juro e tempo, porque o dinheiro pode ser remunerado por uma determinada taxa de juros, procedente de um negócio, aplicação ou investimento, por um período, sendo importante o reconhecimento de que uma unidade monetária recebida no futuro não tem o mesmo valor que uma unidade monetária disponível no presente.

Kato (2012) preconiza que o valor do dinheiro no tempo trata da remuneração que os capitais investidos devem produzir e apresenta a seguinte importante premissa que rege a matemática financeira: valores financeiros, alocados em datas diferentes, somente podem ser comparados ser forem convergidos a uma mesma data, pela aplicação correta de uma taxa de juros.

Para que o conceito do valor do dinheiro no tempo seja bem entendido, devemos eliminar a ideia de inflação, ou seja, considerando a situação hipotética de que a inflação atinge todos os salários, rendimentos financeiros, tributos, tarifas públicas, insumos, matérias-primas e preços de serviços e produtos da mesma forma, sendo, portanto, anulada no período considerado. Em outras palavras, caso os salários venham a ser reajustados em 10% a.a. e todos os preços da economia também sejam aumentados pelos mesmos 10% a.a., o efeito da inflação seria anulado, visto que o poder de compra permaneceria inalterado para todos.

Assim, o conceito do valor do dinheiro no tempo pode ser exemplificado pela seguinte situação: um real hoje vale mais que um real amanhã. Analogamente, um dólar americano hoje tem mais valor do que um dólar americano no futuro, independentemente da inflação apurada no período. Como dissemos anteriormente, esse conceito vale para qualquer moeda do mundo capitalista, tais como euro, libra, iene, yuan, dólar canadense, peso etc.

Essa assertiva decorre de sempre existir no presente a oportunidade de investimento de um valor, em qualquer moeda. Por exemplo, suponhamos um cenário de inflação zero e a execução de um serviço hoje, no valor de R$ 10.000,00, com promessa de pagamento para daqui a um ano. O que vale mais, receber esses R$ 10.000,00 hoje ou daqui a um ano? Pelo conceito do valor no dinheiro no tempo, devemos afirmar, sem dúvida alguma, que o recebimento dos R$ 10.000,00 hoje vale mais do que receber esse mesmo valor daqui a ano, pois com esse dinheiro na mão, hoje, poderíamos fazer uma aplicação a juros, que produziria, daqui a um ano, um valor maior que R$ 10.000,00. Caso deixemos para receber o valor do serviço daqui a um ano, receberemos somente os mesmos R$ 10.000,00. Devemos atentar para o fato da inexistência hipotética da inflação, situação que não afetaria o poder de compra dos R$ 10.000,00, ao final de um ano. No caso de aplicação dos R$ 10.000,00, o juro produzido ao final de um ano corresponderia a um ganho real de valor; por isso, o valor recebido no presente seria maior. Esse conceito tem a mesma validade em ambiente inflacionário, desde que considerada a preservação do poder de compra da moeda por algum índice de reajuste de inflação e conseguido o rendimento real da aplicação do capital inicial.

Podemos concluir que, pelo fato de o dinheiro ter um valor no tempo, a mesma quantia em real, dólar ou qualquer outra moeda, em diferentes épocas, terá outro valor, tanto maior quanto a taxa de juros exceda zero. Como mencionamos anteriormente, devemos ter sempre em mente que não podemos comparar dinheiro em diferentes pontos do tempo, justamente porque capitais possuem valores diferentes em cada tempo. Para compararmos capitais alocados ao longo do tempo, devemos levar cada valor para um mesmo ponto do tempo, ou seja, para uma data focal, com a utilização de uma determinada taxa de juros. Essa movimentação de dinheiro no tempo é a base da matemática financeira, e teremos uma visão mais clara desse mecanismo no regime de capitalização a juros compostos, adiante.

Diagrama dos fluxos de caixa

Para identificação e melhor visualização dos efeitos financeiros das opções de investimento ou movimentação de capital, ou seja, as entradas e saídas de caixa, podemos utilizar a representação gráfica denominada diagrama dos fluxos de caixa (em inglês, *cash-flow*).

Esse diagrama é traçado a partir de um eixo horizontal que indica a escala dos intervalos de tempo, que podem ser expressos em bases anuais, semestrais, trimestrais ou mensais, ou quaisquer outras desejadas. O número de períodos considerado no diagrama é definido como o horizonte de estudo no caso de projetos de investimento ou avaliação de empresas; horizonte de tempo, no caso de aplicações ou empréstimos; ou vida útil, no caso de avaliação de ativos.

Cabe ressaltar que é muito importante a identificação do ponto de vista pelo qual está sendo traçado o diagrama de fluxos de caixa. Um diagrama pela ótica do tomador de um empréstimo, por exemplo, é diferente do diagrama pela ótica da instituição financeira que concede esse empréstimo, apesar de os valores envolvidos serem os mesmos.

A figura A1 mostra um exemplo de um diagrama genérico de um fluxo de caixa, com um horizonte de tempo de seis períodos. Adotamos a convenção de que os vetores orientados para cima representam os valores positivos de caixa, ou seja, os benefícios, recebimentos ou receitas. Já os vetores orientados para baixo indicam os valores negativos, ou seja, os custos, desembolsos ou despesas. No caso de planilhas ou cálculos, utilizamos os sinais positivos ou negativos, apenas de forma convencional, de acordo com a característica do capital. Por exemplo, os capitais alocados nos tempos 0 e 4 devem ser representados em cálculos e planilhas como –R$ 10.000 e –R$ 8.000, respectivamente. Os demais capitais assumem valores positivos, sem a necessidade da indicação do sinal positivo.

Por convenção, todas as movimentações financeiras, representadas em cada período dos diagramas de fluxo de caixa estão ocorrendo no final do período, que é o chamado modo END. Por exemplo, na figura A1, o capital de R$ 20.000, alocado no segundo período, indica que essa entrada de caixa está ocorrendo no final do

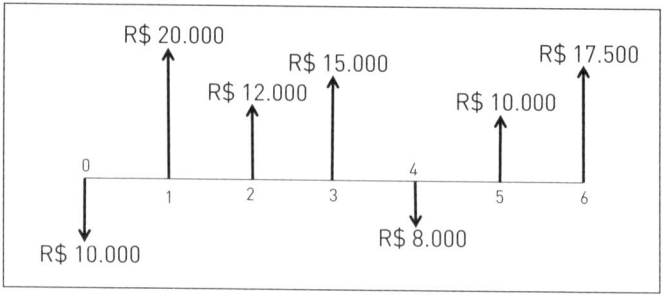

Figura A1
Representação gráfica de um diagrama de fluxo de caixa

```
        R$ 20.000
            ↑       R$ 15.000                R$ 17.500
            |    R$ 12.000                       ↑
            |        ↑       ↑        R$ 10.000  |
            |        |       |            ↑      |
     0_____|_____|_____|_____4_____|_____|
            1        2       3      |     5      6
     |                              ↓
     ↓                          R$ 8.000
  R$ 10.000
```

período 2. Caso o diagrama da figura A1 seja em períodos mensais, a entrada de R$ 20.000 deve ser entendida como acontecendo em 2 meses, ou 60 dias, após o momento zero. No caso do investimento inicial, ou seja, no momento zero, adotamos a convenção de início de período, que é o chamado modo BEGIN. O modo de início de período pode ser utilizado em casos específicos de algumas operações do mercado financeiro, por exemplo, séries de pagamentos ou recebimentos antecipados.

No presente trabalho, adotaremos a notação definida a seguir, em todos os cálculos e diagramas de fluxo de caixa:

- k = taxa de juros para determinado período, expressa em porcentagem e utilizada nos cálculos em sua forma unitária; alguns autores representam a taxa de juros por "i", do inglês *interest*, e outros gostam de utilizar "r", do inglês *rate*;
- n = número de períodos de capitalização, em anos, semestres, trimestres, meses etc.; alguns autores utilizam "t", do inglês *time*;
- J = juro produzido ou pago numa operação financeira, expresso em alguma unidade monetária – real, dólar, euro, iene, peso etc.;

- P = valor equivalente ao momento zero do fluxo de caixa ou valor situado em momento anterior a um ou mais valores futuros, denominado principal. O principal pode assumir também as seguintes denominações: valor presente (VP), *present value* (PV) ou valor atual (VA);
- M = valor situado em um momento futuro, em relação ao principal, denominado montante. O montante pode assumir também as seguintes denominações: Valor futuro (VF) ou *future value* (FV).

Para entendermos bem as posições dos capitais na linha de tempo dos diagramas de fluxo de caixa, devemos observar que, independentemente da posição de um determinado capital no tempo, ele pode ser, por convenção, ora um principal, ora um montante, relativamente a outros capitais. A figura A1 ilustra essa situação, se observarmos, por exemplo, que o capital de R$ 12.000, alocado no tempo 2, deve ser considerado um principal em relação aos capitais dos tempos 0 e 1, respectivamente R$ 10.000 e R$ 20.000, e, ao mesmo tempo, deve ser visto como um montante, em relação aos capitais dos tempos 3, 4, 5 e 6, respectivamente R$ 15.000, R$ 8.000, R$ 10.000 e R$ 17.500.

Como a notação para os elementos da matemática financeira varia para cada autor, não recomendamos a memorização de uma só notação, nem sua adoção como padrão. Entendemos que o aprendizado dos conceitos fundamentais da matemática financeira é independente da notação utilizada.

Tipos de formação de juros

Os juros são formados por meio do processo denominado regime de capitalização, que pode ocorrer de modo simples ou composto, conforme apresentado a seguir.

Juros simples

No regime de capitalização a juros simples, somente o capital inicial, isto é, o principal P, rende juros. Assim, o total dos juros J resultante da aplicação de um capital por determinado período n, a uma taxa de juros k, será calculado pela seguinte expressão:

$$J = P \cdot n \cdot k \tag{A1}$$

A taxa de juros deverá estar na mesma unidade de tempo do período de aplicação. Por exemplo, se a taxa de juros k estiver em base anual, o número de período n deve ser expresso em anos.

Dependendo da convenção utilizada para o número de períodos de capitalização n, o cálculo dos juros simples pode produzir diferentes resultados, pois podemos utilizar os juros exatos, juros comerciais ou juros bancários, conforme segue:

- juros exatos: tanto a contagem do prazo da aplicação quanto a conversão da taxa de juros são realizadas pelo critério do ano civil (ano = 365 ou 366 dias, mês = 28, 29, 30 ou 31 dias);
- juros comerciais: contagem do prazo e conversão da taxa de juros são realizadas pelo critério do ano comercial (ano = 360 dias, mês = 30 dias);
- juros bancários: o prazo é contado pelo critério do ano civil e a conversão pelo critério do ano comercial.

No Brasil, o sistema utilizado é o dos juros bancários e uma utilização muito comum dos juros simples é quando há cobrança de juros de mora por atraso de pagamento de faturas, dentro do prazo de 30 dias, conforme mostra o exemplo A1.

Logo, podemos calcular o total conseguido ao final do período, ou seja, o montante M, por meio da soma do capital inicial aplicado com o juro gerado. O montante pode ser expresso, para esse caso, por: M = P + J, originando a seguinte fórmula:

$$M = P \cdot (1 + k \cdot n) \tag{A2}$$

No mercado financeiro, o emprego de juros simples é pouco frequente, uma vez que a capitalização dos juros sobre juros para aplicações e investimentos é prática usual e sua consideração deve ser levada em conta, até mesmo por uma questão de realismo. Entretanto, há casos específicos de utilização prática dos juros simples, especialmente aqueles em que a cobrança dos juros acontece antes do início da operação financeira.

Exemplo A1

Um cliente comprou, em prestações mensais e iguais de R$ 600,00, um determinado eletrodoméstico na Loja ABC. Sabe-se que a loja cobra juros de mora, no caso de atraso no pagamento das prestações, de 10% a.m. Calcule os juros e o valor total a serem pagos pelo cliente, para um atraso de 12 dias em uma determinada prestação.

k = 10% a.m. = 0,10; n = 12 dias = 12/30 meses

Juros simples: J = P. i. k = R$ 600,00 . 0,10 . (12/30) = R$ 24,00 ◀ juros a serem pagos

Montante: M = P + J = R$ 600,00 + R$ 24,00 = R$ 624,00 ◀

Montante: M = P . (1 + k.n) = R$ 600,00 . (1 + 0,10 . 12/30) = R$ 624,00 ◀ total a ser pago

---

Juros compostos

No regime de capitalização a juros compostos, os juros formados a cada período são incorporados ao capital inicial, passando também a produzir juros. A expressão que permite quantificar o total de juros resultante da aplicação de um principal P, a uma taxa de juros k, durante n períodos, é mostrada a seguir:

$$J = P \cdot [(1 + k)^n - 1] \tag{A3}$$

Analogamente aos juros simples, o total conseguido ao final do período, ou seja, o montante M, será calculado por meio da soma do capital inicial aplicado com o juro gerado: M = P + J.

Juros simples *versus* juros compostos

A partir das definições acima, podemos perceber que os resultados de uma mesma operação pelo regime de juros simples evoluem de forma linear, e, pelo regime de juros compostos, seguem a forma exponencial, e sempre sofrerão uma defasagem crescente em função do aumento dos períodos, conforme mostra o quadro A1.

Quadro A1
Comparação da evolução de uma aplicação de R$ 1.000,00, à taxa de 80% a.a., em quatro anos, pelos regimes de juros simples e compostos

Regime de capitalização	Ano	Principal (início do ano)	Juros produzidos	Montante (final do ano)
Juros simples	1	R$ 1.000,00	R$ 800,00	R$ 1.800,00
	2	R$ 1.000,00	R$ 800,00	R$ 2.600,00
	3	R$ 1.000,00	R$ 800,00	R$ 3.400,00
	4	R$ 1.000,00	R$ 800,00	R$ 4.200,00
Juros compostos	1	R$ 1.000,00	R$ 800,00	R$ 1.800,00
	2	R$ 1.800,00	R$ 1.440,00	R$ 3.240,00
	3	R$ 3.240,00	R$ 2.592,00	R$ 5.832,00
	4	R$ 5.832,00	R$ 4.665,60	R$ 10.497,60

A figura A2 mostra a representação gráfica das evoluções dos juros simples e compostos. Devemos notar que os juros compostos, entre os tempos 0 e 1, apresentam valores de montantes inferiores aos juros simples, invertendo essa situação a partir do tempo 1. Exatamente no tempo 1, ambos os montantes são iguais.

Figura A2
Representação gráfica da evolução da aplicação de
R$ 1.000,00, à taxa de 80% a.a., em quatro anos,
pelos regimes de juros simples e compostos

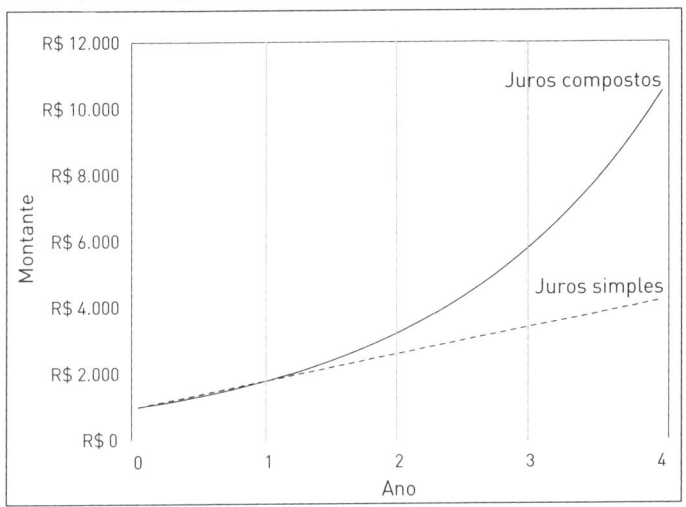

Relações de equivalência de capitais

Baseado naquilo que mencionamos sobre o valor do dinheiro no tempo, surge o conceito de equivalência de capitais, isto é, um montante de dinheiro pode ser equivalente a outro montante de dinheiro, em diferentes pontos do tempo, segundo uma taxa de juros, pelo regime de juros compostos. Por exemplo, no empréstimo do quadro A1, o valor inicial de R$ 1.000,00 é equivalente ao valor intermediário de R$ 3.240,00, no ano 2, à taxa de juros de 80% ao ano. Esse mesmo valor de R$ 1.000,00 também equivale ao montante final de R$ 10.497,60, no ano 4, à mesma taxa de juros de 80% ao ano. Na realidade, todos os valores da coluna montante do quadro A1 são equivalentes entre si, cada um em seu tempo, à mesma taxa de juros de 80% ao ano, pelo regime de juros compostos.

Esse conceito de equivalência entre capitais, a juros compostos, é particularmente importante em finanças, de um modo geral, especialmente em análise de projetos de investimento e avaliação de empresas, devido ao fato de os fluxos de caixa envolverem recebimentos e desembolsos em diferentes instantes de tempo, indistintamente denominados variações de caixa ou pagamento. As principais relações de equivalência de capitais, a juros compostos, são apresentadas a seguir.

Acumulação de capital

A acumulação de um capital inicial, ou principal P, é o valor futuro, ou o montante M, resultante da aplicação desse capital a juros compostos, durante um período n e a taxa de juros i. O diagrama do fluxo de caixa dessa situação é mostrado na figura A3, e o valor acumulado de capital, nessas condições, pode ser calculado pela fórmula abaixo e ilustrado no exemplo A2.

$$M = P \cdot (1 + k)^n \tag{A4}$$

Figura A3
Diagrama de uma série de acumulação de capital

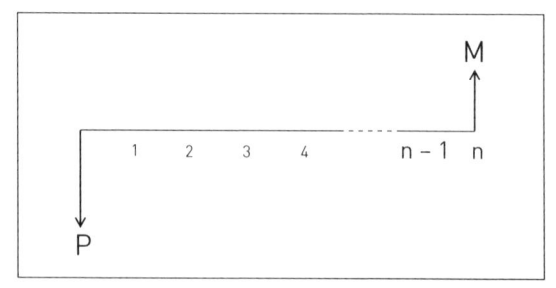

> **Exemplo A2**
> Determine o valor a ser resgatado ao final de seis meses, para uma aplicação de R$ 10.000,00, hoje, a uma taxa de 2,5% a.m.
> Acumulação de capital: M = P . (1 + k)^n = 10.000,00 . (1 + 0,025)^6 = 11.596,93 ◄ valor a ser resgatado

Valor presente

O valor presente, ou valor atual, de certa quantia de dinheiro, numa data futura, é o valor equivalente a essa quantia, na data zero, a uma taxa de juros k. Dessa forma, podemos concluir que estamos diante do recíproco da situação descrita para o cálculo da acumulação de capital, mostrada anteriormente. Para isso, podemos utilizar a expressão abaixo para o cálculo do valor presente e mostrar duas aplicações, nos exemplos A3 e A4. A figura A3 serve também para representar o diagrama de uma série de valor presente.

$$P = M \cdot \left[\frac{1}{(1+k)_n} \right] \tag{A5}$$

> **Exemplo A3**
> Determine a quantia que deve ser investida, hoje, a fim de acumular R$ 100.000,00, em cinco anos, a uma taxa de 10% a.a.
> Valor presente: P = M / (1 + k)^n = 100.000,00 / (1 + 0,10)^5 = 62.092,13 ◄ valor a ser investido

> **Exemplo A4**
>
> Um comerciante espera receber pagamentos de seus clientes, durante os próximos cinco meses, segundo o fluxo de caixa abaixo. Qual seria o valor equivalente no tempo zero, com base numa taxa de juros de desconto de 5% a.m.? A data-base dos capitais é setembro de 2016.
>
> R$ 5.000   R$ 5.000   R$ 7.500
>
> 0   1   2   3
>
> Para achar o valor presente do fluxo de caixa, devemos movimentar cada capital do futuro, ou seja, cada montante, para o ponto zero, utilizando, para isso, a expressão A5, a partir da taxa de desconto de 5% ao mês: $P = M / (1 + k)^n$
> $P_1 = R\$ 5.000 / (1,05)^1 = R\$ 4.761,90$
> $P_2 = R\$ 5.000 / (1,05)^2 = R\$ 4.535,15$
> $P_3 = R\$ 7.500 / (1,05)^3 = R\$ 6.478,78$
> $P = R\$ 4.761,90 + R\$ 4.535,15 + R\$ 6.478,78 = R\$ 15.775,83$ ◄ valor presente do fluxo de caixa

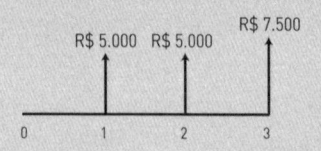

Taxas de juros nominais e efetivas

Podemos notar que, em cálculos de capitalização composta, as taxas de juros são, em alguns casos, taxas nominais, ou seja, aquelas que não correspondem às taxas realmente empregadas na operação. Por exemplo, uma taxa de 12% a.a., com a capitalização dos juros acontecendo todos os meses, ou seja, 1% ao mês, não produzirá efetivamente os 12% a.a. oferecidos originalmente. Podemos comprovar isso a partir do conceito dos juros compostos, capitalizando 1% a.m. durante um ano. Essa taxa de 1% a.m. é a taxa efetiva da operação, pois produzirá efetivamente 1% de rentabilidade ao final de um mês.

Portanto, a taxa de 12% a.a., com capitalização mensal, é denominada taxa nominal de juros, visto que a capitalização dos juros é mensal e a base de tempo da taxa encontra-se expressa em termos anuais, e a taxa de 1% a.m. é chamada de taxa efetiva de juros.

Em finanças, precisamos converter imediatamente a taxa nominal de juros para uma taxa efetiva de juros, simplesmente dividindo a taxa nominal dada pelo número de períodos de capitalização contidos na base dessa taxa nominal. Dessa forma, a taxa efetiva assumirá a base de tempo da capitalização, conforme a seguinte expressão:

$$k_{ef} = \frac{k_{nom}}{p} \qquad (A6)$$

onde:
- k_{nom} é a taxa nominal de juros, em qualquer base;
- p é o número de períodos de capitalização contidos na base da taxa nominal;
- k_{ef} é a taxa efetiva de juros obtida na base correspondente ao período de capitalização de p.

Dessa forma, uma taxa nominal de juros de 18% ao semestre (a.s.), com capitalização bimestral, corresponde a uma taxa efetiva de juros de 6% ao bimestre (a.b.), porque existem três bimestres em um semestre. Então, basta dividirmos 18% por 3 para obtermos a taxa efetiva de 6% a.b. Excepcionalmente no caso da expressão A6, não existe a necessidade de convertermos a taxa de juros para a forma unitária, porque a divisão simples da forma percentual por um número produzirá a taxa diretamente na mesma forma percentual. Nas demais expressões, que envolvem as operações matemáticas de adição, subtração, multiplicação e exponencial, a forma unitária é obrigatória.

De outra maneira, se quisermos encontrar a taxa efetiva de juros para uma base de tempo diferente do tempo do período de capitalização p, devemos utilizar a seguinte expressão:

$$kef = \left(1 + \frac{k_{nom}}{p}\right)^q - 1 \qquad (A7)$$

onde:
- k_{nom} é a taxa nominal de juros, em uma determinada base de tempo;
- p é o número de períodos de capitalização contidos no tempo da base da taxa nominal dada;
- q é o período desejado para a taxa efetiva;
- k_{ef} é a taxa efetiva de juros obtida em bases anuais.

Dessa maneira, podemos converter a taxa de juros nominal de 12% a.a., com capitalização mensal, para a taxa de juros efetiva de 12,68% a.a., aplicando a expressão A7, com p = 12 e q = 12, pois temos 12 meses contidos em um ano e queremos a base anual para a taxa efetiva.

O quadro A2 apresenta as taxas efetivas anuais de juros correspondentes à taxa nominal de juros de 12% a.a., com capitalizações anual, semestral, trimestral, mensal, semanal e diária, com aplicação da expressão A7.

Quadro A2
Taxas efetivas anuais correspondentes
à taxa nominal de 12% a.a.

Frequência de capitalização	Períodos de capitalização	Taxa efetiva por período	Montante (final do ano)
Anual	1	12,00%	12,00%
Semestral	2	6,00%	12,36%
Trimestral	4	3,00%	12,55%
Mensal	12	1,00%	12,68%
Semanal	53	0,23%	12,73%
Diária	365	0,03%	12,75%

Em resumo, uma taxa nominal de juros é aquela em que o período de capitalização difere de seu período-base. Por exemplo, uma taxa de juros de 24% a.a. com capitalização trimestral é dita nominal. Ao final de um ano, essa taxa de 24% a.a. produzirá uma rentabilidade maior, porque sua capitalização ocorrerá a cada três meses. Efetivamente, essa taxa de juros produzirá 6% ao trimestre, pois temos quatro trimestres por ano, ou 26,25% a.a., pela capitalização composta de 6% a.t. durante quatro trimestres.

Por outro lado, quando o período de capitalização coincidir com o período-base da taxa de juros dada, essa taxa é dita efetiva. Assim, as taxas de juros de 10% a.m. com capitalização mensal, e de 30% ao semestre com capitalização semestral são ditas taxas efetivas de juros. O próximo exemplo ilustra a conversão de taxa nominal em efetiva. Relembramos que todos os cálculos das expressões da matemática financeira somente utilizam as taxas efetivas de juros.

Exemplo A5

Sabendo-se que as cadernetas de poupança brasileiras oferecem juros reais de 6% ao ano, com capitalização mensal, calcule: (a) a taxa efetiva das cadernetas de poupança; (b) as taxas efetivas de juros semestral e anual; (c) o montante a ser resgatado, ao final de quatro meses, para uma aplicação de R$ 5.000,00.

(a) A taxa efetiva das cadernetas de poupança é dada pela expressão A6, com p = 12, pois existem 12 meses contidos num ano (se deixarmos um capital aplicado na poupança por um mês, a rentabilidade será efetivamente 0,5%. Caso deixemos mais que um mês, essa taxa de 0,5% será capitalizada de forma composta e produzirá mais que 6%, ao final de um ano, pela aplicação da expressão A7:
• taxa efetiva das cadernetas de poupança: k_{ef} = 6%/12 = 0,5% a.m. ◄

(b) Como a taxa da poupança é nominal, aplicamos a expressão A7, com p = 12, pois existem 12 meses contidos num ano: $k_{ef} = (1 + k_{nom}/p)^q - 2$
• taxa efetiva semestral (q = 6): $k_{ef} = (1 + 0,06/12)^6 - 1 = 0,0304 = 3,04\%$ a.s. ◄
• taxa efetiva anual (q = 12): $k_{ef} = (1 + 0,06/12)^{12} - 1 = 0,0617 = 6,17\%$ a.a. ◄

(c) Podemos achar a taxa efetiva de juros mensal da poupança, pela expressão A6, $k_{ef} = k_{nom}/p$, e achar o montante desejado pela expressão A4, $M = P \cdot (1 + k)^n$:
• taxa efetiva mensal: k_{ef} = 6%/12 = 5% a.m. ◄
• montante da aplicação em 4 meses: $M = R\$ 5.000,00 \cdot (1 + 0,005)^4 = R\$ 5.100,75$ ◄

Taxas de juros equivalentes

As taxas de juros efetivas que conseguem levar certo principal a um mesmo montante, no regime de juros compostos, quando varia a frequência de capitalização, são chamadas de taxas equivalentes de juros. Em outras palavras, duas ou mais taxas efetivas são equivalentes se, aplicadas a um mesmo principal, durante um mesmo tempo, produzirem um mesmo montante no final desse tempo, no regime de juros compostos. Com base no fator $(1 + k)^n$ da expressão A4, os cálculos de taxas equivalentes podem utilizar a fórmula abaixo:

$$k_{eq} = (1 + k_{ef})^{p/q} - 1 \qquad (A8)$$

onde:
- k_{eq} é a taxa de juros equivalente procurada, a juros compostos;
- k_{ef} é a taxa de juros efetiva que serve de base para o cálculo da taxa equivalente;
- q é o número de períodos de capitalização da taxa equivalente desejada contidos num ano;
- p é o número de períodos de capitalização da taxa-base dada contidos num ano.

Os exemplos seguintes mostram diversos tipos de cálculo de taxas equivalentes.

Exemplo A6

Determine a taxa trimestral equivalente a uma taxa de juros de 10% a.a., capitalizada anualmente.

Para o cálculo da taxa equivalente desejada, em base trimestral, consideramos q = 4, porque existem quatro trimestres em um ano. Como a taxa-base dada está em base anual, temos p = 1.

Taxa equivalente: $k_{eq} = (1 + k_{ef})^{p/q} = (1 + 0,10)^{1/4} - 1 = 0,0241137 = 2,41137\%$ a.t. ◀

Comprovação matemática utilizando a expressão A4: suponha uma aplicação de R$ 10.000,00 pelo prazo de cinco anos, considerando as taxas equivalentes encontradas: $M = P \cdot (1 + k)^n$

Para k = 2,41137% a.t., temos n = 20 trimestres: M = R$ 10.000,00 . $(1,0241137)^{20}$ = R$ 16.105,10 ◀

Para k = 10% a.a., temos n = 5 anos: M = R$ 10.000,00 . $(1,10)^5$ = R$ 16.105,10 ◀

Como essas duas taxas de juros são equivalentes, elas produzem o mesmo montante, ao final do mesmo prazo de cinco anos.

Exemplo A7

Determine a taxa semestral equivalente às seguintes taxas: 8% a.m., 15% a.t. e 60% a.a.

Para o cálculo da taxa equivalente desejada, em base semestral, temos que utilizar a expressão A8: $k_{eq} = (1 + k_{ef})^{p/q} - 1$

- k_{ef} = 8% a.m. → p = 12 (doze meses no ano) e q = 2 (dois semestres no ano)
  $k_{eq} = (1 + 0,08)^{12/2} - 1 = 0,5869 = 58,69\%$ a.s. ◄ taxa equivalente ao semestre
- k_{ef} = 15% a.t. → p = 4 (quatro trimestres no ano) e q = 2 (dois semestres no ano)
  $k_{eq} = (1 + 0,15)^{4/2} - 1 = 0,3225 = 32,25\%$ a.s. ◄ taxa equivalente ao semestre
- k_{ef} = 60% a.a. → p = 1 (um ano no ano) e q = 2 (dois semestres no ano)
  $k_{eq} = (1 + 0,60)^{1/2} - 1 = 0,2649 = 26,49\%$ a.s. ◄ taxa equivalente ao semestre

Apêndice B
Noções gerais de contabilidade

Contabilidade é a ciência que estuda, registra, controla e interpreta os fatos e as variações quantitativas e qualitativas ocorridas nos patrimônios (conjunto de bens, direitos e obrigações) das entidades (qualquer pessoa física ou jurídica que possua um patrimônio).

Neste apêndice, não entraremos profundamente no mundo da contabilidade; apenas apresentaremos uma revisão de alguns pontos que julgamos importantes para o estudo das finanças corporativas. Dessa forma, definiremos os regimes de competência e de caixa, daremos noções gerais dos principais demonstrativos contábeis básicos, também conhecidos como demonstrativos financeiros, e mostraremos os indicadores financeiros mais utilizados pelos analistas e gestores empresariais.

Regimes de competência e de caixa

Um dos princípios da contabilidade é o reconhecimento das movimentações financeiras relativas às receitas e gastos, que deve ser praticado para podermos avaliar adequadamente as informações financeiras registradas. Em qualquer empresa, toda movimentação de recursos monetários dá origem a um evento ou lançamento contábil e a outro financeiro. O evento pode ser uma entrada de dinheiro (venda ou receita) ou uma saída (despesa, custo ou investimento), que precisa ser registrada contábil e financeiramente, respectivamente, pelo regime de competência e pelo regime de caixa.

O regime de competência é um princípio contábil que deve ser, na prática, estendido a qualquer alteração patrimonial, independentemente de sua natureza e origem. O regime de competência reconhece os efeitos financeiros das transações exatamente nos períodos de suas ocorrências, independentemente de terem sido recebidas ou pagas.

Em outras palavras, no regime de competência o registro do evento é feito na data de sua ocorrência, e a contabilidade o define como o registro do documento na data do fato gerador, ou seja, na data do documento, não importando quando esse documento será pago ou recebido.

Os demonstrativos contábeis que veremos adiante são preparados sob o regime de competência e informam ao mercado e aos analistas as transações monetárias passadas da empresa, que proporcionam informações relevantes sobre tendências e servem para a tomada de decisão econômica.

As normas brasileiras de contabilidade preconizam o regime de competência como único parâmetro válido de utilização compulsória no meio empresarial.

O regime de caixa considera que os recebimentos e os pagamentos são reconhecidos unicamente quando ocorrem suas liquidações, mediante dinheiro ou equivalente. A legislação fiscal permite, em alguns casos específicos, a utilização do regime de caixa, para fins tributários, mas de modo algum podemos substituir o regime de caixa pelo regime de competência em entidades empresariais, visto que estaríamos violando um princípio contábil.

Em outras palavras, no regime de caixa consideramos que o registro dos documentos ocorre efetivamente em sua data de liquidação (pagamento ou recebimento), tal como numa conta bancária.

O regime de caixa é utilizado mandatoriamente nas elaborações dos fluxos de caixa das análises financeira de projetos de investimentos e de avaliações de empresas, como vimos nos capítulos 3 e 5.

Demonstrativos contábeis básicos

Segundo Damodaran (2009), os demonstrativos contábeis básicos mencionados acima representam um meio razoavelmente bom para classificar os ativos de uma empresa, com o objetivo parcial de avaliar esses ativos, mas podem funcionar como um recurso insuficiente e impreciso para determinar a incerteza inerente ao valor dos ativos.

As demonstrações contábeis são relatórios com informações contábeis e reais condições patrimoniais que devem ser elaborados pelas empresas e demais entidades, com o objetivo de prestar contas e informações aos sócios, cotistas ou acionistas, ao governo e ao mercado de um modo geral. Essas informações, juntamente com outras constantes das notas explicativas anexas às demonstrações contábeis, auxiliam os gestores e analistas financeiros a estimar os resultados futuros e os fluxos financeiros futuros da empresa ou entidade.

As demonstrações contábeis representam um importante instrumento para o processo de tomada de decisões em diferentes níveis, por fornecer informações patrimoniais, financeiras e econômicas das entidades em geral. Precisamos ter em mente que as demonstrações contábeis são registros de fatos passados e utilizam o regime de competência, situação que pode levar a interpretações equivocadas e imprecisas sobre a real situação financeira da empresa.

Damodaran (2009) aponta que existem três demonstrativos contábeis básicos, que são o balanço patrimonial, a demonstração de resultados e o demonstrativo dos fluxos de caixa.

Balanço patrimonial

O balanço patrimonial é o resumo da situação financeira da empresa, e Brigham, Gapenski e Ehrhardt (2001) entendem o balanço patrimonial como uma fotografia instantânea da posição financeira da empresa em um determinado ponto no tempo. O balanço patrimonial é um relatório essencial que contém o registro de todos os fatos financeiros da vida da empresa, demonstrando as origens e usos do seu dinheiro, durante o período de um ano, no regime de competência. Segundo Ross, Westerfield e Jaffe (2009), o balanço patrimonial indica o que a empresa possui e como tudo isso é financiado, e o patrimônio dos sócios, cotistas ou acionistas é definido pela diferença entre os ativos e os passivos da empresa.

O balanço patrimonial é formado pelo conjunto de bens e direitos da empresa, denominado ativo (lado esquerdo do balanço), e por todas as aplicações de recursos financeiros da empresa, que formam o passivo (lado direito do balanço). O balanço patrimonial deve seguir a estrutura mostrada no quadro B1.

Quadro B1
Estrutura do balanço patrimonial

Ativo	Passivo
Circulante	Circulante
Disponibilidades	Fornecedores
Créditos de curto prazo	Salários e encargos sociais
Estoques	Empréstimos de curto prazo
Realizável a longo prazo	Exigível a longo prazo
Créditos de longo prazo	Empréstimos e financiamentos
Estoques	Debêntures
Permanente	Patrimônio líquido
Investimento	Capital
Imobilizado	Reservas
Intangível	Lucros acumulados

O ativo circulante, ou ativo de curto prazo, são os bens e direitos disponíveis, ou que podem ser convertidos em dinheiro, em menos de um ano, tais como os saldos de conta-corrente, aplicações de curto prazo e fundos, duplicatas de curto prazo, estoques etc. O ativo realizável a longo prazo são os bens e direitos esperados para serem convertidos em dinheiro em prazos superiores a um ano. O ativo permanente são os bens e direitos que não serão convertidos em dinheiro, por exemplo, máquinas, equipamentos, edifícios, apartamentos, automóveis etc.

O passivo circulante, ou exigível de curto prazo, e o passivo exigível a longo prazo representam as dívidas e obrigações que vencerão, respectivamente, dentro de um ano e acima de um ano. No passivo, podemos incluir os financiamentos de apartamentos, veículos, equipamentos e as dívidas tributárias e com cartões de crédito, por exemplo.

Em resumo, o ativo representa o conjunto de benefícios futuros esperados, com base nos direitos adquiridos pela empresa, e o passivo representa as obrigações de converter esse ativo ou realizar serviços. Alguns autores gostam de dizer que o passivo financia o ativo.

O patrimônio líquido é a diferença entre os bens e direitos e as dívidas e obrigações, ou seja, a diferença entre o ativo e passivo exigível, que indica a riqueza da empresa.

Para exemplificar, o quadro B2 mostra o balanço patrimonial hipotético da Companhia Copacabana S.A., dos anos de 2014 e 2015.

FINANÇAS CORPORATIVAS

Quadro B2
Balanço patrimonial da Companhia Copacabana S.A.

Moeda: R$. 10^6

Ativo	2015	2014	Passivo	2015	2014
Circulante	1.371	1.396	Circulante	972	968
Disponibilidades	255	230	Contas a pagar	425	418
Contas a receber	605	600	Notas promissórias a pagar	93	168
Estoques	511	566	Despesas a pagar	454	448
Realizável a longo prazo	311	285	Exigível de longo prazo	1.311	1.270
Créditos de clientes	208	191	Tributos diferidos	225	220
Títulos a receber	58	62	Empréstimos bancários	1.086	1.050
Estoques	45	32	Patrimônio líquido	1.740	1.536
Permanente	2.341	2.093	Ações preferenciais	100	100
Prédios e instalações	1.081	990	Ações ordinárias	150	90
Equipamentos	714	598	Reservas	738	670
Intangíveis	546	505	Lucros retidos	752	676
Total do ativo	4.023	3.774	Total do passivo	4.023	3.774

Demonstração de resultados

Damodaran (2009) define a demonstração de resultados como um relatório que informa sobre receita e despesa, cujo objetivo é o resultado conseguido pela empresa, em determinado período, geralmente de um ano.

Brigham, Gapenski e Ehrhardt (2001) ressaltam que, enquanto o balanço patrimonial pode ser entendido como uma fotografia instantânea da empresa, num determinado momento, a demonstração de resultados relata as operações ao longo de determinado período, ou seja, durante um exercício, que pode ser trimestral, semestral ou anual. Por isso, no Brasil, esse relatório é chamado de demonstração de resultados do exercício e muito conhecido pela sigla DRE.

A demonstração de resultados, cuja estrutura é representada no quadro B3, possui várias partes, sendo que a parte relativa às operações mostra as receitas e despesas da empresa, em suas atividades-fim. Existe também a parte não operacional, que inclui os custos de financiamentos, como as despesas financeiras, tais como juros e outros encargos da dívida. Outra parte indica, separadamente, o montante de impostos devidos sobre o lucro. O último item da DRE é o resultado líquido, positivo ou negativo, denominado lucro líquido, que pode ser apresentado em valor monetário unitário por ação, ou seja, o chamado lucro por ação (LPA), que é o lucro líquido dividido pelo número de ações ordinárias da empresa (Ross, Westerfield e Jaffe, 2009).

Quadro B3
Estrutura da demonstração de resultados

	Discriminação	Valores em R$
	Receitas brutas	
(-)	Tributos e deduções	
(=)	Receitas líquidas	
(-)	Custos dos produtos vendidos	
(=)	Lucro bruto (ou prejuízo)	
(-)	Despesas operacionais e administrativas	
(=)	LAJIDA (Lucro antes dos juros, IR, depreciação e amortização)[1]	
(-)	Depreciação	
(=)	LAJIR (Lucro antes dos juros e IR)[2]	
(-)	Despesas financeiras	
(=)	LAIR (Lucro antes do IR/CSLL)[3]	
(-)	Provisão para IR/CSLL	
(=)	Lucro líquido	
	Dividendos	
	Lucro retido	
	Lucro por ação	

[1] *Earnings before interest, taxes, depreciation and amortization (EBITDA).*
[2] *Earnings before interest and taxes (EBIT).*
[3] *Earnings before taxes (EBT):* base tributária para aplicação do IR/CSLL.

O quadro B4 mostra a demonstração de resultados hipotética da Companhia Copacabana S.A., dos exercícios de 2015.

Quadro B4
Demonstração de resultados da Companhia Copacabana S.A.

Moeda: R$. 10⁶

Discriminação		Valores
	Receitas brutas	4.950
(-)	Tributos e deduções	(693)
(=)	Receitas líquidas	4.257
(-)	Custos dos produtos vendidos	(3.288)
(=)	Lucro bruto (ou prejuízo)	969
(-)	Despesas operacionais e administrativas	(445)
(=)	LAJIDA (EBITDA)	524
(-)	Depreciação	(128)
(=)	LAJIR (EBIT)	396
(-)	Despesas financeiras	(128)
(=)	LAIR (EBT)	268
(-)	Provisão para IR/CSLL	(112)
(=)	Lucro líquido	156
	Dividendos	78
	Lucro retido	78
	Quantidade de ações	50.000.000
	Lucro por ação (R$)	3,12

Demonstrativo dos fluxos de caixa

De forma resumida, Brigham, Gapenski e Ehrhardt (2001) definem o demonstrativo dos fluxos de caixa de uma empresa como o relatório que apresenta o impacto das atividades operacionais, de investimentos e de financiamento sobre os fluxos de caixa durante um determinado período contábil. Esses autores dizem que o fluxo líquido de caixa é diferente do lucro contábil, visto que algumas receitas e despesas registradas na DRE podem não ter ocorrido efetivamente, ou seja, podem não ter sido recebidas ou pagas em dinheiro durante o período considerado. Isso decorre, principalmente, devido ao regime de competência utilizado na DRE, e também pelo impacto da depreciação, que não representa uma saída de caixa da empresa.

Ross, Westerfield e Jaffe (2009) consideram que o item mais importante a ser extraído das demonstrações contábeis é o fluxo de caixa efetivo da empresa, representado oficialmente no demonstrativo dos fluxos de caixa, que pode ter a estrutura genérica mostrada no quadro B5. Esse relatório ajuda a explicar a variação ocorrida nas contas de disponibilidades da empresa, por um ponto de vista diferente: o ponto de vista financeiro.

Damodaran (2009) preconiza que o demonstrativo dos fluxos de caixa é responsável pela especificação das fontes e da forma de utilização do dinheiro referente à atividade operacional, investimento e financiamento, em determinado período. Ele considera que esse relatório tenta explicar os fluxos de caixa e as alterações no saldo de caixa durante o período considerado.

Quadro B5
Estrutura do demonstrativo dos fluxos de caixa

Discriminação	Valores em R$
Operacional	
Resultado líquido das operações antes dos juros e tributos, mais depreciações	
Financiamento	
Variação do exigível a longo prazo	
Distribuição de dividendos	
Investimento	
Variação do ativo permanente	
Total	

Os cálculos para a elaboração do demonstrativo dos fluxos de caixa de uma empresa não são difíceis, mas requerem atenção para que sejam consideradas as despesas não monetárias, como a depreciação e os tributos diferidos. Além disso, não devemos confundir o demonstrativo dos fluxos de caixa com as variações do capital de giro, nem com a demonstração de resultados do exercício (Ross, Westerfield e Jaffe, 2009).

Outro ponto importante que devemos entender é que o lucro líquido não significa a mesma coisa que fluxo de caixa, e, normalmente, os produtos finais da DRE e do demonstrativo dos fluxos de caixa não são iguais. O quadro B6 mostra o demonstrativo dos fluxos de caixa hipotético da Companhia Copacabana S.A., do exercício de 2015, no qual podemos observar que seu fluxo de caixa final, de R$ 127 milhões, difere do lucro líquido de R$ 156 milhões, mostrado no quadro B4.

Quadro B6
Demonstrativo dos fluxos de caixa da
Companhia Copacabana S.A.

Discriminação	Valores em R$
Operacional	412
Resultado líquido das operações antes dos juros e tributos, mais depreciações	412
Financiamento	(37)
Variação do exigível a longo prazo	41
Distribuição de dividendos	(78)
Investimento	(248)
Variação do ativo permanente	(248)
Total	**127**

Indicadores de gestão financeira

Uma das etapas mais importantes da gestão financeira é a análise dos indicadores de desempenho, cuja base de cálculo são as demonstrações contábeis mostradas anteriormente. Esses indicadores fornecem valiosas informações gerenciais que possibilitam a análise da situação econômico-financeira da empresa.

Brigham, Gapenski e Ehrhardt (2001) ensinam que a análise das demonstrações contábeis permite a comparação do desempenho financeiro de uma empresa com outra do mesmo setor econômico, bem como estuda a tendência de sua atuação ao longo do tempo. Eles dizem ainda que as demonstrações financeiras têm o objetivo de auxiliar o gestor a antecipar condições futuras, como ponto de partida para o planejamento empresarial.

Os indicadores financeiros, também denominados índices financeiros, são calculados com base nas informações contidas no balanço patrimonial e demonstração de resultados, conforme veremos adiante. Precisamos recordar que índices são números adimensionais, ou seja, não possuem unidade de medida, pois, no caso dos indicadores financeiros, são divisões entre dois valores monetários, na mesma moeda, que são anulados.

Neste apêndice, apresentaremos os principais indicadores financeiros para que tenhamos uma visão sistêmica de uma empresa, segundo as seguintes categorias: liquidez, endividamento, lucratividade e rentabilidade.

Indicadores de liquidez

Os indicadores de liquidez, também chamados de índices de solvência de curto prazo, medem a capacidade da empresa em atender suas obrigações de até um ano, na data do vencimento, e estão relacionados à solvência da situação financeira total da empresa e associados ao capital de giro líquido, ou seja, a diferença entre o ativo circulante e o passivo circulante. Os índices de liquidez mais utilizados são os seguintes:

- índice de liquidez corrente – razão entre ativo circulante e passivo circulante, cujo resultado pode ser maior, igual ou menor que a unidade. Se maior que a unidade, indica folga no disponível para uma possível liquidação das obrigações; se igual à unidade, os valores dos direitos e obrigações de curto prazo são equivalentes; se menor que a unidade, indica falta de disponibilidade suficiente para quitar as obrigações de curto prazo em caso de necessidade.

$$\text{Índice de liquidez corrente} = \frac{\text{Ativo circulante}}{\text{Passivo circulante}} \quad \text{(B1)}$$

- índice de liquidez seca – razão entre ativo circulante (sem o estoque) e passivo circulante, cujo resultado pode ser maior, igual ou menor que a unidade. O resultado desse índice será sempre matematicamente menor que o de liquidez corrente, pois o denominador é menor devido à exclusão do estoque. Estamos diante de um índice mais conservador para a liquidação de obrigações, em virtude de não considerar o estoque, visto como um item de menor liquidez.

$$\text{Índice de liquidez seca} = \frac{\text{Ativo circulante} - \text{estoque}}{\text{Passivo circulante}} \quad \text{(B2)}$$

Indicadores de endividamento

Os indicadores de endividamento servem para determinar a chance de que a empresa não realize o pagamento de suas dívidas. Quanto mais capital de terceiros tomado por uma empresa, maiores são as chances de insolvência e de dificuldades financeiras dessa empresa, apesar da vantagem tributária da dedução dos juros das dívidas para efeito de cálculo do imposto de renda. Os índices de endividamento mais utilizados são os seguintes:

- grau de endividamento – razão entre o valor total das dívidas, ou seja, a soma do passivo circulante com o exigível de longo prazo, e o ativo total. Esse indicador mede a porcentagem de recursos aportados pelos credores e, quanto mais baixo seu valor, maior é a indicação de proteção dos credores contra possíveis falências.

$$Grau\ de\ endividamento = \frac{Ativo\ circulante + exigível\ a\ longo\ prazo}{Ativo\ total} \quad (B3)$$

- índice de cobertura de juros – razão entre o LAJIR (EBIT), ou seja, lucro antes dos juros e do IR, e as despesas financeiras, cujo resultado indica a capacidade de geração de rendimentos suficientes para cobrir os juros devidos das dívidas. Quanto menor esse índice, melhor a situação da empresa em relação ao risco de inadimplência.

$$Índice\ de\ cobertura\ de\ juros = \frac{LAJIR}{Despesas\ financeiras} \quad (B4)$$

Indicadores de lucratividade

Os indicadores de lucratividade mostram se a empresa está respondendo de forma positiva ou negativa à operação, ou seja, se suas receitas operacionais são suficientes para cobrir seus custos e despesas, e, ainda assim, gerar lucro. Esses indicadores, apresentados na forma percentual, são bastante úteis para a comparação entre empresas, mesmo de dimensões e setores diferentes. Os índices de lucratividade mais utilizados são os seguintes:

- margem líquida – razão entre o lucro líquido e a receita operacional, cujo resultado reflete a capacidade de uma empresa para produzir bens ou serviços, a baixo custo ou preço alto. Quanto maior esse índice, melhor a situação da empresa no quesito margem de lucro.

$$\text{Margem líquida} = \frac{\text{Lucro líquido}}{\text{Receita operacional}} \qquad (B5)$$

- margem EBITDA – razão entre o EBITDA (LAJIDA) e as receitas totais da empresa, cujo resultado dá uma ideia do impacto das vendas no caixa da empresa, ou seja, a geração de caixa aproximada. Apesar de o EBITDA ser uma sigla em inglês, o mercado a utiliza com mais frequência, em vez da sigla em português LAJIDA. O EBITDA é calculado pela soma do lucro líquido com a depreciação, despesas financeiras e IR, a partir da DRE, cuja estrutura está apresentada no quadro B3.

$$\text{Margem EBITDA} = \frac{\text{EBITDA}}{\text{Receita total}} \qquad (B6)$$

- índice da capacidade de geração de lucros – razão entre o LAJIR (EBIT), ou seja, lucro antes dos juros e do IR, e o ativo total da empresa. Esse índice reflete a base de geração de lucros de uma empresa, antes dos impostos e alavancagem.

$$\text{Índice da capacidade de geração de lucros} = \frac{\text{LAJIR}}{\text{Ativo total}} \qquad (B7)$$

Indicadores de rentabilidade

Os indicadores de rentabilidade mostram alguns tipos de retorno da empresa, que podem ser em relação aos seus ativos, ao seu patrimônio líquido ou mesmo ao valor de suas ações, ou seja, refletem a capacidade de geração de resultados da empresa. Os principais indicadores de rentabilidade são os seguintes:

- retorno sobre o ativo (ROA) – razão entre o lucro líquido e o ativo total médio, cujo resultado mede o retorno sobre os ativos totais, após as despesas financeiras e impostos. A sigla ROA vem do inglês *return on assets*. Quanto mais alto esse índice, maior é a capacidade de geração de lucro da empresa.

$$ROA = \frac{Lucro\ líquido}{Ativo\ total} \tag{B8}$$

- retorno sobre o patrimônio líquido (ROE) – razão entre o lucro líquido e o patrimônio líquido, cujo resultado mede o retorno sobre o investimento dos acionistas da empresa. A sigla ROE vem do inglês *return on equity*. Quanto mais alto esse índice, mais atrativa é a empresa para os acionistas, em termos de investimento, ou seja, existe pouco capital próprio sendo utilizado para manter a operação da empresa.

$$ROE = \frac{Lucro\ líquido}{Patrimônio\ líquido} \tag{B9}$$

O quadro B7 ilustra a aplicação dos indicadores financeiros apresentados acima, para a análise da Companhia Copacabana S.A., com base nos demonstrativos contábeis hipotéticos dos quadros B2 e B4, respectivamente, balanço patrimonial e DRE.

Quadro B7
Indicadores financeiros da Companhia Copacabana S.A.

Moeda: R$. 10^6

Conta	Sigla	Origem	Ano 2015	Ano 2014
Ativo circulante	AC	Balanço	1.371	1.396
Passivo circulante	PC	Balanço	972	968
Estoque	Estoque	Balanço	511	566
Exigível a longo prazo	ELP	Balanço	1.311	1.270
Ativo total	AT	Balanço	4.023	3.774
Patrimônio líquido	PL	Balanço	1.740	1.536
Receita operacional	Rec. op.	DRE	4.950	-
LAJIDA (EBITDA)	EBITDA	DRE	524	-
LAJIR (EBIT)	LAJIR	DRE	396	-
Despesas financeiras	Desp. fin.	DRE	128	-
Lucro líquido	LL	DRE	156	-

Indicador	Fórmula	Valor
Índice de liquidez líquida	AC / PC	1,41
Índice de liquidez seca	(AC - Estoque) / PC	0,88
Grau de endividamento	(AC + ELP) / AT	0,67
Índice de cobertura de juros	LAJIR / Desp. fin.	3,09
Margem líquida	LL / Rec. op.	3,15%
Margem EBITDA	EBITDA / Rec. op.	10,59%
Índice da capacidade de geração de lucros	LAJIR /AT	0,10
Retorno sobre o ativo - ROA	LL / AT	3,88%
Retorno sobre o patrimônio líquido - ROE	LL / PL	8,97%

Limitações dos indicadores financeiros

Ross, Westerfield e Jaffe (2009) alertam que os indicadores financeiros não levam em conta o risco ou a distribuição de fluxos de caixa no tempo, situação que deve ser levada em consideração quando estivermos analisando e interpretando demonstrações contábeis de empresas.

Devemos lembrar que os indicadores contábeis são calculados a partir das informações contidas no balanço patrimonial e DRE, cujos registros contábeis dizem respeito a fatos passados, no regime de competência, fatos que distorcem a situação real da empresa.

Segundo Brigham, Gapenski e Ehrhardt (2001), a análise das demonstrações contábeis por meio de indicadores financeiros oferece informações úteis com relação às operações de uma empresa e suas condições financeiras, mas existem limitações que exigem cuidado por parte dos analistas e gestores. Os problemas potenciais dos indicadores financeiros são muitos, mas podemos listar alguns, de forma resumida: as empresas de grande porte operam em diferentes setores ao mesmo tempo, e isso dificulta a análise comparativa com outras empresas; a inflação pode distorcer os balanços patrimoniais das empresas ao longo do tempo; fatores sazonais também podem distorcer a análise de índices, visto que não são clarificados nas demonstrações contábeis; existem empresas que "maquiam" suas demonstrações contábeis, para que pareçam mais fortes; práticas contábeis diferentes, especialmente nas avaliações de estoques e depreciações, podem distorcer as comparações entre empresas; a qualidade dos ativos das empresas não pode ser verificada nas demonstrações contábeis.

Por fim, sugerimos cautela na prática da análise empresarial baseada em indicadores financeiros, em virtude dos problemas aqui citados, e recomendamos que os analistas e gestores tenham o costume de verificar a qualidade dos valores monetários das demonstrações contábeis e façam também uma pesquisa sobre os planos de investimento e financiamento da empresa, bem como sobre seu planejamento estratégico e visão de seus gestores e acionistas.

Referências

ASSAF NETO, A. *Mercado financeiro*. São Paulo: Atlas, 2015.

BRIGHAM, E. F.; GAPENSKI, L. C.; EHRHARDT, M. C. *Administração financeira*: teoria e prática. São Paulo: Atlas, 2001.

BREALEY, R.; MYERS, S. C. *Princípios de finanças empresariais*. São Paulo: McGraw-Hill Interamericana, 2013.

COSTA, L. G. T. A.; COSTA, L. R. T. A.; ALVIM, M. A. *Valuation*: manual de avaliação e reestruturação econômica de empresas. São Paulo: Atlas, 2010.

DAMODARAN, A. *Avaliação de empresas*. São Paulo: Pearson Prentice Hall, 2007.

_____. *Avaliação de investimentos*: ferramentas e técnicas para a determinação do valor de qualquer ativo. Rio de Janeiro: Qualitymark, 2009.

GITMAN, L. *Princípios de administração financeira*. São Paulo: Pearson Prentice Hall, 2010.

KATO, J. *Curso de finanças empresariais*: fundamentos de gestão financeira em empresas. São Paulo: M. Books do Brasil, 2012.

ROSS, S. A.; WESTERFIELD, R. W.; JAFFE, J. F. *Administração financeira*: corporate finance. São Paulo: Atlas, 2009.

Autores

Marcus Vinicius Quintella Cury

Doutor em engenharia de produção pela Universidade Federal do Rio de Janeiro (Coppe/UFRJ), mestre em transportes pelo Instituto Militar de Engenharia (IME), pós-graduado em administração financeira pela Fundação Getulio Vargas (FGV) e engenheiro civil pela Universidade Veiga de Almeida. Sua experiência profissional tem como destaque as posições de diretor de engenharia da Odebrecht TransPort S.A. e diretor técnico da Companhia Brasileira de Trens Urbanos (CBTU). Como consultor empresarial, coordenou e participou da execução de projetos para: ANTT, Abifer, Agetransp, Belgo-Arcelor Brasil, Transpetro e Thyssen Krupp CSA Siderúrgica. Atualmente, é consultor técnico de projetos de transportes na FGV Projetos. Na vida acadêmica, na FGV desde 1996, vem atuando como professor convidado e coordenador acadêmico de cursos de pós-graduação MBA e como coordenador nacional do Programa Post-MBA. Foi professor do Ibmec e do IME. É autor de diversos artigos em revistas e jornais nacionais e internacionais e autor do livro *Empreendedorismo e gestão de negócios*, pela Synergia Editora.

Cristóvão Pereira de Souza

Mestre em gestão empresarial pela Fundação Getulio Vargas (FGV), especialista em finanças pela New York University e pelo Ibmec, engenheiro eletricista pela Pontifícia Universidade Católica do Rio de Janeiro (PUC-Rio). Foi assessor de planejamento de Furnas S.A., chefe de custos da Cia. Ceras Johnson, chefe da assessoria de estudos financeiros da Fundação Petrobras de Seguridade Social (Petros) e diretor financeiro da SFB Sistemas. É docente de finanças em cursos de administração e economia, consultor e palestrante de diversas empresas, entre as quais Vale, McCann, Stam Metalúrgica e HSBC. Ex-membro do conselho de administração da EasyCAE S.A. e sócio fundador da Takeover Treinamento Ltda. Professor convidado da FGV Management.

Danilo Amerio Gonçalves

Doutor em ciências em engenharia de produção pela Universidade Federal do Rio de Janeiro (Coppe/UFRJ), mestre em pesquisa operacional em engenharia de produção pela Universidade Federal Fluminense (UFF), MBA em finanças pelo Ibmec. Possui certificações pela New York University, Texas University e Toronto University. É representante da Securities and Futures Authority (SFA) de Londres, Canadian Securities Institute (CSI) canadense e Chartered Financial Analyst (CFA) norte-americana. Sua experiência profissional inclui o cargo de gerente de fundos de investimentos na BB-DTVM, analista na área de *asset & liability management* (ALM) na Previ e no Banco do Brasil e professor há 20 anos na área de finanças. Atuou por três anos no mercado financeiro do Canadá. É autor de artigos publicados e apresentados em congressos no Brasil, Europa, México e EUA. Coautor de livros nas áreas de finanças e de gestão. É professor convidado da FGV Management.

José Carlos Franco de Abreu Filho

Doutor em engenharia industrial pela Pontifícia Universidade Católica do Rio de Janeiro (PUC-Rio), mestre em *business administration* pela Columbia University de Nova York e engenheiro eletricista pela Universidade de Brasília (UnB). Foi engenheiro *trainée* da Hitachi, no Japão; engenheiro projetista DDH na Cobra Computadores e Sistemas Brasileiros; diretor financeiro da Pacific do Brasil, Comercio Exterior; *general manager* da Unipac Trading Company em Los Angeles; consultor do BCG Consulting Group em Nova York; e consultor na área de análise e estruturação de projetos de investimentos e avaliação de empresas. Atualmente, é coordenador acadêmico e professor convidado dos cursos de pós--graduação MBA da Fundação Getulio Vargas (FGV).

Este livro foi impresso nas oficinas gráficas da Editora Vozes Ltda.,
Rua Frei Luís, 100 – Petrópolis, RJ.